AF452742

TRAICTÉ DV DROICT DE L'EQVIVALENT

ESTABLI DANS LE PAYS DV LANguedoc par le Roy Charles VII. en l'an 1460.

Par DANIEL DE LA COSTE ROMAIN, Viguier pour le Roy à Montarand.

A TOLOSE,

Par RAYMOND COLOMIEZ, Imprimeur du Roy.

M. DC. XVI.

Auec Priuilege du Roy.

A
MESSIEVRS
LES GENS DES
TROIS ESTATS DV
PAYS DE LANGVEDOC.

ESSIEVRS,

Ce Traité de l'Equiualent conceu, nay, & es-
leué dans ce pays à la croissance, que vous
le voyez, sous vostre benin, & fauorable as-
pect, n'a peu legitimememt prendre pour Pro-
tecteurs de sa fortune, que ceux qu'il reco-
gnoit franchement pour Autheurs de sa nais-
sance. Car ayant pleu, passé quelques annees à
vostre Auguste assemblee par vne extraordinaire, & non accoustumee faueur me rece-

ā 2

uoir, ſans aucun merite de ma part, aux affermes de l'Equiualent, & m'ayant iugé capa-
ble de luy pouuoir rendre du ſeruice en la recepte de ceDroict, duquel par vn ſingulier priuilege de nos Rois, & la volontaire conceſ-
ſion de tout le Corps de ceſte Prouince, vous
eſtes les premiers & ſouuerains diſpenſateurs;
cela m'obligea, recognoiſſant l'importance de
la charge que vous m'auiez donnée, à faire
vne exacte, & curieuſe recherche de tout ce
qui peut concerner ce meſme Droict, tant en
ſon origine, & Iuſtice; qu'en ſa police, reglemens, & inſtructions par vous faites, touchât
la forme qu'il faut garder en l'exaction de ce
ſubſide ſur les habitans de ce païs. Ceſte mien-
ne curioſité m'ayant plus heureuſement ſuc-
cedé que ie n'euſſe oſé eſperer, & treuuant
apres auoir r'aſſemblé mes Memoires ramaſ-
ſez de diuers endroits auec beaucoup de peine & de trauail, que j'auois matiere ſuffiſante
pour la ranger & diſpoſer en vn iuſte volume
au profit.& ſoulagement du public : I'ay creu
ne le pouuoir publier que ſous l'adueu,&l'authorité deceux qui en ont la ſouueraine admi-
niſtratiõ & diſpenſation. Aduoüez donques
cet Oeuure, Meſſieurs,auec ſon Autheur,le-

quel ayant cet auantage de vous auoir eû
pour premiers Moteurs de ceste sienne recer-
che, n'a peu iustement raporter l'honneur , &
le fruict de son industrie qu'à vous, comme à sa
premiere source. Ainsi l'on void journellemēt
par vn ordre merueilleux en la Nature, que
toutes choses reuiennent finalement à leur
principe , comme à leur dernier rendez-vous;
les riuieres mesmes se conformans à ceste loy,
apres auoir longuement serpenté les belles &
larges campagnes se viennent à la parfin de-
charger dans ce vaste Ocean, d'où elles estoiēt
premierement parties. Ne vous estonnez pas
doncques , Messieurs , si par la mesme loy, ce
Traité ne recognoissant autre origine que vostre faueur , s'en retourne sous les aisles de vostre protection & sauuegarde, à l'abry de laquelle il se promet d'estre mis & receu, plus
pour la dignité du sujet qu'il traite, que pour
le merite de son Autheur, qui n'a peu faire de
moins, que de vous destiner par forme de
premices, ce qui vous estoit desia acquis en
tant de façons; attendant que le temps appor-
te l'entiere maturité au reste des fruits de ses
trauaux exposez à la continuation de ceste re-

cherche, pour vous tefmoigner fon humble
recognoiſſance en la meſme qualité, à laquelle il vous a pleu l'appeller,

MESSIEVRS,

De voſtre treſ-humble & treſ-
obeyſſant ſeruiteur,

DE LA COSTE.

A MONSIEVR LE VIGVIER
de la Coste, sur son Traité de l'Equiualent.

STANCES.

A Coste honneur des beaux esprits,
Qui produisant tes beaux escrits
Dans cette honorable carriere,
Sans deployer tes grands efforts,
Iettes hardy de la poußiere
Dans les yeux mesmes des plus forts.
  On voit ton esprit curieux,
Par vn dessein laborieux
Decouurir le droiĉt de nos Princes,
Et ramassant tout le plus beau
De la plus belle des Prouinces
N'en faire qu'vn petit tableau.
  Ainsi ce grand peintre jadis
Sur ses ouurages plus hardis,
Tira dans vn petit espace
Vn Geant la terreur des Dieux
Plus celebré que ceste masse,
Qui voisinoit mesmes les Cieux.
  Mais toy sous vn iuste niueau
Dressant vn Oeuure tout nouueau
De tant de masures antiques,
Par de si beaux compartimens
Tu fais voir que nos Republiques
N'eurent jamais tels bastimens.

Ton Traité dont le temps voleur
Ne peut raualer la valeur
Te sert d'vn riche Mausolee,
Autre que cest orgueil vanté,
Dont la pompe s'est égalee
A ce qui n'a jamais esté.

Il paroit si riche & si fort,
Que jamais le temps, ny la mort
N'en sçauroient amoindrir la gloire;
Et mesmes l'enuieux moqueur
Verra donner à ta memoire
Des hommages contre son cœur.

Zoile relasche ton frain,
Fai abbayer ceux de ton train,
Germes infects de l'ignorance :
Car cet ouurage singulier,
Iaçoit que ta pointe le tanse,
Gardera son lustre premier.

Ainsi l'on voit japper les chiens
Belle Artemis quand tu reuiens
A ton tour éclairer le monde,
Et toutesfois durant la nuict
En ta carriere vagabonde
Ta belle face leur reluit.

G. A. Aduocat en Parlement.

DE L'ESTAT DE LA

PROVINCE DV LANGVEDOC,

auant & depuis sa reünion à la Couronne de France.

I les vieux Gaulois, & singuliere-
ment les anciens Volces, Tectosages,
& Tolistobogiës, qui habiterĕt iadis
ceste Prouince du Languedoc, dans
laquelle, & pour laquelle principalement nous
escriuons, eussent esté aussi duits & formés à bien
dire, & bien escrire, comme ils le furent à bien
combatre; nous ne serions pas maintenăt en peine
de sçauoir, ou plustost de deuiner la forme de gouuernement, la police, mœurs & façons de viure,
qu'ils gardoiĕt, lors que sous la conduite de Bren-
nius, Belgius, Euridaxus & Thessalonius, & autres leurs Chefs & conducteurs, ils passerent les

Iustin. lib. 3 2.

Pausan. in
Phoc.
Iustin. lib. 24.
Liu. lib. 5. &
38.

A

Flor.lib.2.cap.
11.

Alpes, rauagrent l'Italie, & porterent leurs armes victorieuses dedans la Macedoine, voire
dans l'Asie iusques au mont Taurus: heureuse &
glorieuse conqueste, si l'auarice de leurs Capitaines
ne leur eust faict perdre dans vn iour, ce qu'ils
auoient desia gaigné par le trauail de tant d'années. Mais ou la barbarie de la Nation, ou la di-
sette des bons Escriuains, & des personnes enten-
dues au faict de l'histoire, fut si grande parmy
eux, que nous n'auons autre cognoissance des con-
questes, ny des mœurs & coustumes de ces peuples
belliqueux, que celle que leurs ennemis mesmes,
j'entends les historiens Grecs ou Romains nous
ont laissé par escrit.

Je passeray sous silence les recherches que les
plus curieux ont faictes de l'origine de la nation
Gauloise iusques aux enfans de Noë, & leurs
descendans qu'il disent auoir habité les Gaules,
tant pource que cela ne fait rien à mon principal
sujet, que pourautant qu'il faudroit auoir la
veuë bien aiguë & subtile, pour voir clair à tra-
uers les sombres & espesses tenebres de ceste anti-
quité. Sans m'arrester donques à ce que le supposé
Berose, & autres depuis luy en ont escrit, puis
que le malheur de nostre natiõ a esté si grand, qu'à
faute d'Escriuains toute son histoire demeure en-

seuelie sous le silence & l'oubly, sauf quelques es-
chantillons qui se treuuent espars par cy parlà,
côme pieces egarées dans les histoires estrangeres,
ie me contenteray de recueillir briefuement les
fragmens & vestiges de ces antiquités, pour donner quelque cognoissance, succinte à la verité,
mais autant certaine que faire se pourra de l'estat
ancien de nostre nation, à ceux qui viuët aujour-
d'huy sous vn mesme Ciel, & dans le mesme pais,
non toutesfois sous semblables vz & coustumes.

Pour la plus claire intelligence de ce que nous
pretendons deduire en ceste Preface, touchant les
diuers changemens que ceste Prouince a soufferts
par succession d'années en sa forme de gouuernement, il faut faire distinction de trois temps. Le
premier, & le moins cognu à nous, pour les raisons sus-alleguees, c'est celuy, qui preceda la conqueste de ce pais par les Romains. Le second sa
reduction en forme de Prouince Romaine, le troisiesme, & dernier la reünion du Languedoc à là
Couronne de France, ce qui seruira d'entrée au
Traicté de l'Equiualent, qui est vne des charges
de ce pays imposee & mise sus au profit de nos
Roys, côme il se verifiera par la suite de cet œuure.

C'est vne maxime receuë sans contradictiõ
dans les escholes de Philosophie, que la nature des

choſes contraires paroit & ſe découure merueil-
leuſement bien, quand elles ſont oppoſes les vnes
aux autres. Auſsi n'y a-il rien qui rende ſi admi-
rable la nature ſtable & immuable de la diuinité,
que l'inconſtance, le changemēt & la viciſsitude
des choſes de ce bas monde ; meſmes és corps qui
ſemblēt auoir plus de poids, & de force pour faire
teſte aux alterations des temps , & des annees,
comme ſont les Empires, Royaumes, & Republiques. Mais il en eſt de meſmes de ces Eſtats publics, comme des corps humains plus diſpos & ro-
buſtes qui ne ſe reſſentent ſi toſt des iniures & incommoditez de l'air, ny de la varieté des ſaiſons ;
mais auſsi pour recompenſe, venans vne fois à
eſtre ébranlez par le meſlange & alteration des
humeurs , ils tombent en des violens & furieux
ſymptomes, qui iettent en des grandes extremitez
iuſques à changer preſque entierement le naturel
de la perſonne. Ce que la corruption des humeurs
fait dans nos corps humains , le meſme font les
diuiſions & diſſentions ciuiles dans ces grands
corps politiques ; & cōme cette alteration d'humeurs , ne ſe fait point en vn inſtant ; auſsi ces
partialitez domeſtiques ne ſe forment que par
vne longue reuolution d'années, de tant plus dan-
gereuſes pourtant , que plus longuement & plus

lentement elles font fomentées au dommage du public : car ordinairement elles viennent à éclater
tout à coup, en des grands troubles, & remuemës,
qui entrainent communement apres eux la ruine
de l'Eſtat, faiſant changer de face au gouuernement & police des Royaumes, & Prouinces où
ils s'éleuent. Les exemples en font trop frequens
dans les hiſtoires, & l'on ſçait aſſez, ſans ſortir
de noſtre France, que la diuiſion des Authunois
& Auuergnacs fut la ſeule cauſe de la perte des
anciennes Gaules ; les vns ayans appellé Ariô-
uiſte Roy des Allemans à leur ſecours, & les
autres Ceſar auec les Romains, qui feit ſi bien,
qu'en fin il ſe rendit maiſtre de tous les deux ; tellement que ceux qui vn peu au parauant vouloient commander & ſeigneurier les vns les autres, furent eux-meſmes reduits ſous la ſeruitude
& ſubiection d'vn eſtranger.

   D'oſer aſſeurer que noſtre Languedoc ait ſouf-
fert de ſemblables diuiſiõs & partialitez, & que
les Romains ayent iadis pris de là occaſiõ de s'em-
parer de ceſte Prouince, ce ſeroit choſe à la verité
beaucoup plus aiſee à dire, qu'à verifier par bons
& authentiques teſmoignages. Toutesfois ſi l'on
conſidere de prez, combien le peuple de ce pays fut
du commencement aguerry, les courſes & con-

A 3

Ceſar de bell.
G. ll lib. 1 cap.
7. & lib. 6.
cap. 4.

questes qu'ils firent en Italie, Hongrie, Allemai-
gne, & plus loing encores dans l'Asie, qu'il est
vray semblable, ou que les dissentions se coulerent
parmy eux, qui fut cause du demembrement de
cet Estat ; ou que les delices de la Grece apportees dans la Prouence par les Phoceens premiers
fondateurs de la ville de Marseille, enuiron quatre cens ans deuant que les Romains missent le
pie d dans ceste Prouince, s'estans coulées par droit
de voisinage iusques à eux, abâtardirent &
emousserent peu à peu la pointe martiale, & gene-
reuse de nostre nation.

Quoy qu'il en soit, il est certain que tout ce païs
(gouuerné auparauant ; sinon par vne Monarchie generale & absoluë, ce que ie n'oserois auăcer
sans de bonnes & grandes asseurances, qui me
manquent aussi bien pour ce point, que pour plusieurs autres) du moins diuisé en quelques Royaumes particuliers, tel qu'estoit celuy de Prouëce,
lors de la venuë des Phocenses dans les Gaules ;
ou comme celuy de Montpellier, & d'Vsez du
temps mesmes de Cesar, fut rangé sous l'obeïssance du peuple Romain l'an de la fondation de la
ville de Rome 632. par Cn. Domitius Ænobar-
bus, qu'on dit s'estre autrefois promené par ce pays
monté sur vn Elephant, & trois ans apres ; c'est

Iustin. lib. 24.
& 32.
Cæsar de bell.
Gall. lib. 6. c. 5.

Iustin. lib. 43.

Iust. lib. 43.
Cæsar de bell.
Gall. lib. 7. cap.
6.

à dire en l'année 6 3 5. *Q. Martius Rex Consul*
mena vne Colonie a Narbonne, & reduisit sous
vne mesme Prouince le Languedoc, la Prouence,
le Dauphiné, & la Sauoye.

Neantmoins les rencontres qu'on fait dans les
bons autheurs du sac de la ville de Tolose, pillemét
des Temples, & espuisement du lac, où estoient
presque toutes les richesses de l'Italie, de la Grece,
& de l'Asie, & partie encores de celles des Tolo-
sains fait par Q. Cipro Consul, l'an de la mesme
fondation, 646. nous donnět grand sujet de croire
que le haut Languedoc ne fut pas subiugué par les
Romains à mesme temps que le reste du pays: Car
à quel propos eut-il vsé de ceste voye d'hostilité
en vne ville amie et confederée, & desia reduite
sous leur domination, & à la veuë d'vn Senat
qui punissoit rigoureusement les Sacrileges &
concussions commises dans les Prouinces vnies
au corps de leur Republique ? Que si à son retour
à Rome il fut preuenu, & constitué prisonnier,
et mis entre les mains du bourreau, ce ne fut pas
comme criminel concussionnaire, & sacrilege,
mais pour auoir perdu son armée au rencontre
qu'il eut contre les Cymbres, & Theutons, par
sa faute.

Agell. lin. 3. chap. 9.

Val. Max. lib. 1. cap. 2. T. Liu. 29. & 34.

Val. Max. lib. 4. cap. 7. & lib. 6. cap. 9.

Parmy ceſte incertitude reſte ſeulement cela de certain & d'aſſeuré que ce pays, du commencement de ſa reductiõ, fut gouuerné par Preteurs, & apres la conqueſte du reſte des Gaules par Ceſar, par Proconſuls, ayans eſté les Gaules depuis ce temps-là Prouinces Conſulaires, non Pretoriennes, ainſi que l'on peut recognoiſtre par la lecture de l'hiſtoire Romaine. Et lors que Ceſar entra dedans les Gaules, qui fut l'An 695. de la fondation de Rome, au ſortir du Conſulat auquel il auoit eu pour cõpagnon Bibulus, il y auoit deſia ſoixante ans ou enuiron, que ce pays eſtoit à la deuotion des Romains, leſquels, commë les meilleurs politiques qui iamais encor ayent eſté, y meſnagerët ſi bië les affaires à leur auantage, que les plus iudicieux ſont d'accord, que ce fut principalement auec les forces de ce pays que Ceſar aſſujettit le reſte des Gaules. Ce qu'il n'a ſçeu ſi bien diſsimuler, quoy qu'enuieux de l'honneur & de la gloire de noſtre nation, qu'il n'en ait luy meſme donné de grands indices & conjectures en pluſieurs endroits de ſes Commentaires.

Ceſte forme de gouuernemët & d'adminiſtration Proconſulaire dura iuſques à ce que le meſme Ceſar ſe preualant des forces, & des richeſſes qu'il auoit tirées des Gaules, eut changé l'eſtat

Ariſto-

Aristocratique de la Republique Romaine, en
vne absoluë, & independante Monarchie; car
quelque temps apres les Empereurs Romains cõ-
mencerent à enuoyer leurs Lieutenans aux pays
de conqueste, en lieu & place de Proconsuls, pour
les tenir & gouuerner sous leur adueu, & en leur
nom. Mais il leur en arriua tout autremẽt qu'ils
ne pensoient; car au lieu de bons Gardiens qu'ils
croyoient auoir commis au gouuernement de leurs
Estats, ils rencontrerẽt bien souuent des loups ra-
uissans, lesquels s'emparans par la force de ce à
quoy ils ne pouuoient de droict rien pretendre,
taillerent bien en diuers temps de la besongne aux
Empereurs, & tranchãs des souuerains, abusans
des forces & de l'authorité qu'ils auoïẽt en main,
se voulurent rendre Chefs, où ils n'estoient que
Lieutenãs. Tesmoing le premier sousleuement des
Gaules contre Neron sous la conduite de Iulius
Vindex, & ceux qui suiuirent depuis contre les
Empereurs, Seuere, Valerian, Galien, & autres,
par les factiõs d'Albinus, Maximus, Posthumi⁹,
Lollianus, Victorinus, Marius, & Tetricus,
& posterieuremẽt encores sous l'Empire de Probus par Proculus & Bonosus, qui furent neantmoins tous appaisez, & demeurerent les Gaules
de ce costé là paisibles comme auparauant, sous la

S. Aurel. Vict.
in vit. horum
Impp. & alij.

B

souueraineté de l'Empire Romain.

Et jaçoit que les autres parties des Gaules ayent
par successiõ de temps souffert de grãds & diuers
changemens sous les Lieutenans des Empereurs
Romains, comme nous auons cy dessus remarqué,
& de grandes secousses par les courses des François Orientaux, Allemãs & Saxons, qui auoient
esté de tout temps affriandez de passer le Rhin
pour se venir loger dãs la Belgique & Celtique;
celle-cy neantmoins demeura tousiours paisible
sous la domination de ses premiers Maistres iusques enuirõ l'an de nostre salut 414. que Ataul-
phus Roy des Goths beaufrere des Empereurs
Honorius & Arcadius, de par leur sœur Pla-
cidia, qu'ils luy donnerĕt à femme, & auquel par
lettres patentes pour décharger l'Italie, & l'Oriĕt
des foules, & oppressions des guerres des Goths,
ils octroyerent la possession de partie des Gaules,
& des Espagnes, establit & fonda premieremĕt
le Royaume de Tolose, qui dura sous diuers Roys
l'espace de quatre vingts dix ans ou enuiron, &
prit fin par la mort d'Alaric dernier Roy, qui
fut tué en Poictou, à la bataille de Voglay, de la
propre main de Clouis premier Roy de France,
Chrestien qui auoit esté prealablement baptizé
par S. Remy Archeuesque de Rheims l'an de salut
500. & de son regne le quinziesme.

Aimon. Mo-
nach. lib. 1.
hist. Franc.
cap. 20. 21. &
22.

Et ne me peux imaginer ſur quel fondement
l'Autheur de l'hiſtoire Latine des Albigeois a oſé
dire que Alaric, qu'il met & nomme pour l'vn
des plus illuſtres Roys de Toloſe, fut pendu igno-
minieuſemĕt aux portes de la ville; De moy ie tiĕs
ceſte propoſition pour grandemĕt ſuſpecte de faux,
ſingulieremĕt que l'autheur de cete hiſtoire a eſcrit
ſept cens ans apres la mort de cet Alaric, & qu'il
n'allegue aucun teſmoignage, & ne rend aucune
raiſõ, ni de ſon dire, ni d'vne procedure ſi tragique
des Toloſains cõtre leur Roy; ſinõ que l'on vueille
dire, pour dõner quelque paſſeport à ceſte nouuelle
inuention, qu'il ſe peut faire que quelque autre
Alaric Roy de Toloſe ait couru ceſte fortune:
mais la difficulté ſera à verifier ceſte ſuppoſition.

Iuſques à tant donc qu'il apparoiſſe du cõtraire
par Autheurs authentiques, tenõs nous à l'opiniõ
la plus commune, qui eſt, que Clouis defit Alaric
en bataille rangée, auec ſes gens en Poictou, qui
fut cauſe que les Françou qui par auãt le gain de
ceſte bataille ne tenoiĕt que les Gaules Belgique
& Celtique, eſtendirent dés lors leur domination non ſeulement iuſques dans l'Aquitaine,
mais encores au delà dans le Languedoc, en
ayant entierement chaſſé les Goths & Vuiſi-
goths, ſauf de quelques villes, comme Carcaſſonne, Narbonne, & Beziers, qu'ils retindrent,

Hiſt. Albig.
cap. 1.

B 2

mesmes apres que *Amaulry* fils dudit *Alaric* eut transferé leur Royaume en *Espagne*. Et fut ceste desroute, & déconfiture des *Goths* si memorable, que l'Empereur *Anastase* en ayant eu aduis, enuoya soudain presenter de sa part au Roy *Clouis* les dons, prerogatiues, & preeminèces du Patriciat, & Consulat *Romain*, qui ne se donnoient qu'à ceux qui auoiët rendu de grãds & signalez seruices ou à l'Empire *Romain* en particulier, ou en general à toute la Republique Chrestienne.

Depuis que *Clouis* eut ainsi donné la chasse à ceste nation barbare, *Tolose* auec la pluspart du *Languedoc* demeura sous la conduite, & gouuernemët des *Ducs* & *Comtes* Françou que *Clouis* y meit pour regir, & tenir ce pays sous son obeïssance; mais dautant que ceste Prouince n'estoit pas encores totalement nettoyee & repurgee de ceste vermine, comme nous venons de dire, & que les *Goths* tenoient les trois places sus alleguées, qui n'estoient pas de peu d'importance; cela donna sujet au Roy *Pepin* de faire ses efforts de les en tirer, comme il feit, laissant le gouuernement du pays aux Seigneurs particuliers, lesquels bien qu'ils ne fussent du commencement qu'Officiers de la Couronne, feirent neantmoins si bien à la longue par leurs menées, qu'ils rendirent hereditaire à leurs maiſons , ce qu'ils n'auoient auparauant qu'en tiltre de gouuernement ſous la libre inſtitution & deſtitution de nos Roys.

Qu'il ne ſoit ainſi en l'an de noſtre ſalut 1209. que la guerre commença à s'échauffer en ces cartiers contre les heretiques Albigeois, par la Croiſade que feit publier le Pape Innocent III. il y auoit dans le Languedoc pluſieurs Seigneurs particuliers, comme le Vicomte de BeZiers, le Comte de Carcaſſonne, le Comte de Comẽge, les Seigneurs particuliers de Montreal, Puylaurẽs, & autres moindres lieux, le Duc de Narbonne, & finalement le Comte de Toloſe le plus puiſſant Prince de tous, comme celuy qu'on diſoit tenir autant de villes ou de Chaſteaux, qu'il y auoit de iours en l'an: teſmoing ce qu'ẽ dit vn Autheur fort ancien qui viuoit & eſcriuoit en France du temps des Albigeois, & du Comte Raymond de Toloſe, car c'eſt de luy qu'il parle en ces vers, reſſentans la veine du temps auquel ils ont eſté faits ;

G. Brito lib. 8. *Philip.*

Qui ſancti Ægidij Comes, Toloſæq; vocatur
Amiſiſſe videt vrbes & caſtra, quot annus
Fertur habere dies, tot villas ille celebris
Nominis & famæ Frãcorũ à Rege * tenebat.   * *Feudaliter.*

D'oùil eſt aiſé à recueillir que biẽ que le Comte Raymond ou ſes predeceſſeurs auant luy, euſſent

rendu hereditaire à eux & leur maison la Comté
de Tolose, & autres Seigneuries qui en dependẽt;
neantmoins tout cela n'auoit esté fait que par to-
lerance des Roys de France, & sous la reseruation de certain hommage. Ce qui donne assez
à cognoistre, quel changement de Seigneurs qu'il
y ait eu en ce païs, depuis la premiere deffaicte des
Goths par Clouis, que nos Roys sont tousiours de-
meurez Seigneurs directs du Languedoc : mais
pour plus ample preuue, & confirmatiõ de ce dessus, & pour faire voir comme le Comte de Tolose
releuoit du Roy de Frãce, l'on peut remarquer dãs
les Histoires qu'en l'an de nostre salut 778. vn Seigneur Sarraz in nõmé Tersinus vint vers Char-
lemagne, & se fit baptiZer, & l'Empereur vsant
en sõ endroit de son accoustumée douceur & courtoisie, luy restitua les cités de Tolose, Bourdeaux,
Narbonne, auec la Prouence que ses predecesseurs
SarraZins auoient tenuës, & lesquelles ses gens
auoient prises sur luy, & erigea Tolose en Comté,
& fut ledit Tersinus le premier Comte de ladite
ville, & au lieu de trois moutons qu'il portoit
parauant sa conuersion à la foy en ses armoiries,
par reuelation diuine il prit douze pommes d'or
en forme de Croix, que le commun vulgaire a
depuis estimé mal à propos estre douze poincts.

Mais pour approcher plus prés de noſtre ſiecle, l'Hiſtoire des Albigeois nous apprend, que la Comté de Toloſe, auec les terres & Seigneuries dependantes d'icelle, ayant eſté de plein don accordées au Comte de Montfort par decret du Concile de Latran aſſemblé à Rome l'an de ſalut 1215. Les Agens qu'il auoit auprés du Pape Innocent eſtans de retour deuers luy, & luy ayans apporté les lettres, Bulles, & prouiſions du don des terres, Comtez & Seigneuries qui auoient jadis apartenu au Comte Raymond de Toloſe dans le Languedoc, il fut conſeillé par les Prelats du païs, & par les Seigneurs & Barons qu'il auoit prez de de ſa perſonne, de s'en aller treuuer le Roy pour en receuoir l'inueſtiture: ce qu'il fit, comme teſmoigne l'Hiſtoire en ces termes exprés, Perrexit in Franciam ad Dominum ſuum Regem, vt ab eo terram reciperet, quæ de feudo eius erat.

Mais ce pauure & infortuné Comte ne joüit pas longuement du fruict de ceſte donation & inueſtiture. Car à ſon retour de France il treuua ſon frere Guy de Montfort empreſſé de reſiſter au fils du Comte Raymond, lequel s'eſtant ligué auec ceux de Marſeille, & d'Auignon, auoit de nouueau faict reuolter les habitans des villes du Languedoc contre luy, & aſsiegé Beau-

caire qu'il prit par composition. Et dautant que
Tolose auoit suiuy la rebellion & reuolte generale des autres villes, ledit Comte fut contraint,
pour la remettre sous son obeïssance, d'y aller mettre le siege, durant lequel il fut tué d'vn coup de
pierre, jetté des rempars de ladicte ville.

Au Comte Simon succeda son fils Amaury,
qui ne fut pas plus fortuné que son pere en la conqueste de ce pays: Car il fut long temps detenu
prisonnier auec sa femme & ses enfans, dãs Carcassonne, pour la rançon duquel le Roy Philippe
Auguste, autrement dit le Conquerant, legua par
son testament vingt mille liures parisis.

L'an 1223. le susdit Amaury fut contrainct
d'abandonner le Languedoc, & l'année suyuante
le Pape Honorius, qui succeda en la Papauté à
Innocēt III. dont nous auons parlé cy dessus, feit
reuoquer par Conradin Cardinal de Prouēce son
Legat en France, l'excōmunication qui auoit esté
jettée au Concile de Latran, tant contre Raymōd
Comte de Tolose, que contre les heretiques Albigeois, & leur donna terme pour se recognoistre,
& fut le fils dudit Comte Raymond apres le decés
de son pere (qu'on tient estre mort excommunié)
tenu & reputé pour bon Chrestien, d'autant qu'il
se reünit au giron de l'Eglise.

Mais

Mais l'obstination des Albigeois fut si grande, que sans auoir égard à la courtoisie, & debõnaireté, dont le Pape Honorius auoit vsé en leur endroit en l'an 1225. ils retournerent à leurs premieres erreurs ; ce qui occasionna le mesme Pape d'enuoyer vn autre Cardinal Legat en France pour exhorter le Roy auec les Seigneurs de sa Cour à se croiser contre lesdits Albigeois: ce qu'il feit l'an ensuiuant ; & partant de Bourges en cõpagnie de plusieurs Seigneurs de marque, tant Ecclesiastiques que seculiers, prit d'abord Auignon ville heretique, qui auoit esté mise en interdit sept ans auparauant, & la demantela ; puis passant plus outre auec son armée se rendit maistre de tout le Languedoc, iusques à quatre lieuës prés de Tolose. Cela fait il reprit son chemin vers la France, laissant à son depart pour son Lieutenant & gouuerneur audit païs Imbert de Beaujeu, vaillant Cheualier, qu'on disoit estre de sang royal.

L'an 1227. les Gens-d'armes du Roy S. Louys reprindrent Tolose; & onze ans apres, assauoir, en l'an 1239. les Albigeois se reuolterent pour la troisiesme fois, contre lesquels S. Louys enuoya Messire Iean de Beaumont, qui print d'arriuée Mont-real, & autres places. Et voyant lesdits

C

Marginal notes (right column):

2. *Reuolte des Albigeois.*

Croysade du Roy & des Seigneurs.

Auignon prise & demãtelée.

Conqueste du Languedoc par S. Louys.

3. *Reuolte des Albigeois.*

Albigeois qu'ils n'estoient point pour resister aux forces du Roy, ils se remirent sous l'obeyssance de l'Eglise, & recogneurēt la faute qu'ils auoient faicte: qui fut cause que ledit sieur de Beaumont, apres auoir pourueu à la gardé du pays, s'en retourna deuers le Roy.

Quelques années apres le Roy S. Louys desirāt appoincter son frere Alphonse luy donna la Comté de Poictou, le pays d'Auuergne, & d'Albigeois, & le maria à la fille de Jean Comte de Tolose, duquel mariage n'y ayant point eu d'enfans, toutes ces Seigneuries reuindrent entre les mains du Roy Philippe le Hardy, fils de S. Louys, & nepueu du susdit Alphonse Comte de Poictou, & de Tolose de par sa femme.

Reünion du Languedoc à la Couronne de France.

Les droicts du Roy d'Aragon sur diuerses places du Languedoc, comme venus à la Coürōne de Frāce.

Il fait pourtant à remarquer que lors de ladite successiō le Roy Philippe estoit desia paisible possesseur de Carcassonne, BeZiers, Montpellier, & autres droits que le Roy d'Aragon auoit dans le Languedoc, & ce au moyē du mariage contracté dés l'an 1262. du viuāt mesmes de S. Louys entre ledit Philippe son fils, & Dame Jsabel fille du Roy d'Aragon, en consideratiō duquel mariage, & autres aduantages, le Roy d'Aragon ceda tous les susdits droicts. Et voila la vraye deductiō de la reüniō du Languedoc à la Couronne de Frāce.

Depuis ce temps là ce pays a tousiours demeuré

sous l'obeyssance de nos Roys, & le gouuernement d'iceluy ordinairement baillé à des Princes du sang, tels que furent le Comte d'Armaignac, du regne du Roy Iean: Louys Duc d'Anjou frere du Roy Charles cinquiesme, le Comte de Foix sous le mesme Roy, & le Duc de Berry oncle du Roy Charles 6. desquels le dernier fut osté de son gouuernemët à cause des plainctes, & doleances qu'on feit au Roy des grandes exactions qu'il faisoit en ceste Prouince, les habitans de laquelle depuis sa reünion à la Courône se sont monstrés si affectionnés au seruice des Roys, & particulierement durant la prison du Roy Iean en Angleterre (pour la rançon duquel les Dames, & Damoiselles de ce pays vendirent leurs carquans, bagues, dorures, perles, & pierres precieuses) qu'en recognoissance de ceste particuliere affection ils leur ont donné plusieurs beaux & grãds priuileges, d'entre lesquels les plus remarquables sont la permission d'assembler les Estats tous les ans: La reseruation du droit escrit ᵃ des Romains pour estre iugés en leurs causes suyuãt iceluy: La cessation du droit d'Aubaine ᵇ par tout le Languedoc; & finalement que les tailles audit pays fussent reelles & non personnelles. ᶜ Et puis que nous sommes tombez sur le fait des tailles, ce ne sera pas du tout hors de propos, traitant des premiers subsides

---

Marginal notes:

Le gouuernement de Languedoc ordinairemët baillé aux Princes du sang.

Les habitans du Languedoc affectionnez à la Couronne de France.

a Par ordonnance du Roy Charles 8. l'an 1483. confirmatiue des priuileges dudit pays, & entre autres de celuy cy donné par S. Louys.

b Par concession des Roys cottée par Benedict. in ca. Raynutius in verb. & vxor. num. 1060.

c Par Edict du Roy Charles 6. du 30. Iannier 1446

leués en *Languedoc* apres *ſa reductiõ & reünion,*
qui depuis furent en partie conuertis au droit de
l'Equiualent, de dire vn mot en paſſant du droit
que les Roys en general ont eu de tout temps de
prendre les tailles, & impoſer autres ſortes de
charges ſur le peuple; mais ce ſera apres auoir
prealablement dit quelque choſe des diuers noms
de ceſte Prouince.

Apres auoir ſuccinctemẽt deduit l'hiſtoire de
ce païs, depuis la domination des Romains en ice-
luy, iuſques au regne de S. Louys, en la perſonne
duquel il fut reüny à la Couronne de France; reſte
maintenant à parler des diuers noms & appella-
tions, que les Hiſtoriẽs luy ont donné de temps en
temps, ce qui ne ſeruira pas de peu à l'intelligence
des bons Autheurs.

Le premier & plus ancien tiltre & nom, que
ie treuue auoir eſté donné à ce païs, le prenant cõ-
me l'vn des membres & partie des Gaules, ce fut
celuy de Gallia Braccata, *qu'on tiẽt auoir pris ſon*
origine d'vne façon d'habillement fait de quelque
drap velu, & non tondu, que les anciens Gaulois
de ce païs portoient, nommé Braccæ, *ſoit que ce*
fuſſent veritablement des brayes, comme le mot
ſemble ſonner, ou quelque hocqueton & caſaque,
ou bien quelque autre façon d'habit, car les Au-

Diodor. Sicul.
lib. 6.

theurs n'en demeurent pas bien d'accord : Et luy
fut imposé ce nom pour le distinguer de l'autre
partie des Gaules, qu'on nommoit Cheueluë ou
Comata, à cause des longues perruques que les
peuples y portoient.

Mais apres que les Romains eurent conquis
ce païs, & iceluy reduit en forme de Prouince, on
commença de l'appeller diuersement. Cesar en
plusieurs endroits de ses Commentaires l'appelle
par excellence du nom general de Prouince; parce
que de fait, ce fut la premiere partie des Gaules,
que les Romains subiuguerent, & reduirēt en forme de Prouince; & ie croy aussi que ce fut ce qui
occasionna Cicerõ de l'appeller en sa defense pour
Fonteius Prouincia Gallia, pour faire la diffe-
rence des autres contrées des Gaules, qui n'estoiët
encores reduites ny subiuguées par les Romains,
estant certain que Ciceron escriuoit cecy en l'an
de la fondation de Rome 684. & les Gaules ne
furent entieremēt assujetties par Cesar, qu'en l'an
704. de la mesme fondation.

Le dernier nom que ie remarque auoir esté baillé
à ce païs par les Romains, c'est celuy de Gaule
Narbõnoise, que ie pense auoir esté mis en vsage,
& pratiqué depuis que Q. Martius Rex eut
mené sa Colonie à Narbonne, estant vray-sem-

Margin notes:
lib. 1. de bell. Gall. statim initio, & alibi passim.

Orat. pro Fonteio.

blable qu'en jettant les premiers fondemẽs de ceſte
Colonie , il eſtablit Narbonne pour la ville capi-
tale de tout le païs , de laquelle puis apres deriua
ſur toute ceſte Prouince l'appellation generale de
Gaule Narbonnoiſe; ſingulierement qu'au temps
de ceſte peuplade , le haut Languedoc n'eſtoit pas
encore venu entre les mains des Romains , cõme
nous auons remarqué cy deſſus, pour faire Toloſe
chef de Prouince, comme elle eſt à preſent.

Il y a eu encor des Autheurs , leſquels ayans
plus d'égard à la forme du droit Romain qui ſe
gardoit jadis en l'adminiſtration de la Iuſtice en
ceſte Prouince, tandis qu'elle fut ſous le gouuernement des Romains, & aux franchiſes, exemptiõs,
& immunitez dont elle auoit jouy de toute an-
cienneté ; qu'à ſon aſsiette, & ſituation, luy ont
donné le tiltre , & ſurnom d'Italie. Et c'eſt de là
que ie croy eſtre deſcendu le mot d'Italiote, appro-
prié aux habitans des Prouinces qui jouyſſoient
du droit de ces exemptions, comme marque le paſſage de l'abbreuiateur Xiphilin au dernier chap.
de la vie de l'Empereur Nerua, parlant de Trajan qui n'eſtoit ny Italien, ny Italiote, pour pouuoir pretẽdre à l'Empire par l'adoptiõ de Nerua.
Et de vray, puis que les habitans de ce païs jouyſſoient de meſmes priuileges que les naturels Ita-

liens ; c'est à dire, de l'exemptiõ des tributs & impositions, et qu'ils pouuoiët de mesmes que les autres, estre appellez, & admis aux Estats, & di-
gnitez de la ville de Rome, ie treuue que le raport
n'en est pas mauuais.

De l'immunité, & exemption il en appert clai-
remẽt de ce que nous auons cy dessus deduit : pour
ce qui touche l'autre point qui est de pouuoir aspi-
rer aux honneurs, il n'en faut pas rechercher de
plus clair exemple que celuy des Gaulois naturels
de ce païs, qui furẽt receus au Senat Romain par
Cesar apres son triomphe des Gaules, comme le
recite Suetone en sa vie, ijdem Galli, dit-il, in
Curia braccas deposuerunt, latum clauum
sumpserunt. Desquels mots i'infere que les anciens Gaulois de ce païs, gardoient encores alors
leur premiere façon de brayes; bien qu'il y eut desia huictante ans, ou enuiron qu'ils estoient sous la
subiection des Romains, ce qui me fait dire en
passant, que leur humeur n'estoit pas si volage que
la nostre, pour inuenter tous les iours de nouuelles
façons d'habits, comme nous faisons.

Jusques icy nous auõs traicté des diuers noms
& appellations que les Romains donnerent en diuers temps à ce pays en general, restent maintenãt
ceux que la Barbarie des Goths y a apporteZ, ou

Sueton. in Cæ-
sare dictat.
cap. 80.

que les François naturels forgerent *&* inuenterĕt apres qu'ils en eurent chaſſé ceſte nation barbare. Nous ne trouuons pas que ſous le Royaume des Goths eſtably à Toloſe, ce pays ait eu aucune appellation particuliere pour le diſcerner d'auec le reſte des Gaules, ſinon que parauenture on luy vueille attribuer le nom general Gothia, que ie trouue auoir eſté vſurpé, mais non pas à mon aduis ſans imitation, par des *Autheurs* qui ſont venus long temps apres; le plus ancien que i'àye peu rencontrer c'eſt *Aimoinus Monachus*, lequel au liure 5.de ſon Hiſtoire, Chap.35.dict,que le Roy *Charles le Chauue*,apres ſon voyage d'Italie, où il fut confirmé Empereur, *&* ſa femme *Richilde* courŏnée Jmperatrice, par le Pape *Iean* 8.s'en retournant en France s'arreſta à *Moriëne* pour attendre les principaux Seigneurs de ſon Royaume, *&* entre autres, Bernardum, *dit-il,* Aruernum Comitem, & Bernardum Gothiæ Marchionĕ,*lequel à la fin du* Chap. 27. *du meſme liure,il auoit deſia nommé* Comte de Toloſe,*en ces termes,parlant du meſme* Roy *Charles le Chauue;* Bernardo autem Toloſæ Comiti, poſt præſtita ſacramenta Carcaſſonem,& Rhedas concedens Toloſam dimiſit.*Et de ce dernier paſſage j'infere deux choſes; la premiere, que ce mot* Gothia,

thia, *signifioit iadis tout ce païs ; l'autre , c'est que les Seigneurs & Comtes de Tolose & autres Seigneurs particuliers de ce païs , comme nous auons desia dit cy dessus , ont esté tousiours hommagers des Roys de France , depuis qu'ils en eurent chassé les Goths.* Pour ceux-cy Occitania, Patria Occitana, Lingua Occitana, *qui se rencontrent non seulement dans les Autheurs , qui ont escrit depuis trois ou quatre cens ans ; mais aussi dans les plus anciënes Ordonnances faictes pour le reglemët de ceste Prouince, par les Roys de France; voire mesmes parmy les escrits de quelques anciës Iurisconsultes , ils ne sont pas de meilleure estoffe que le nom vulgaire de Languedoc , estans tous sortis d'vne mesme racine.*

Ie me suis souuentesfois esmerueillé de voir des personnes doctes s'alambiquer l'esprit à la recherche de la vraye etymologie du mot de Languedoc, & finalement s'arrester à l'erreur populaire qui raporte l'origine de ce nom à vne allusion Gothique, Lãguedoc, disent-ils, quasi langue de Goth. Ie ne m'amuserois pas à combatre ceste opinion erronée, si ie ne la voyois estre venuë à tel credit, mesmes parmy ceux qui font profession des lettres , qu'elle semble estre passée en force de cause jugée. Si faut-il toutesfois pour découurir

Ord. Carol.
viij. lingua
Occit.

Guenois en la
Confer. des Or-
don. tilt. 16.
des Maistres
des Requestes

D

leur abus, que ie mette en auant vne explication
toute nouuelle de ce mot, beaucoup plus veritable,
que plausible. Je dis donques que tous ces vocables
Occitania, patria Occitana, lingua Occitana,
& celuy de Languedoc ne sont pas de si vieille
datte qu'on se pourroit imaginer ; & crois abso-
lument qu'ils ne furent mis en vsage que depuis
que les Goths furēt chassés de ce pays, & emprun-
tés des particularitez du langage, & idiome naturel. Ce que ie coniecture & infere de la conference de ces deux termes jadis vsitez & prati-
quez au style des anciennes Ordonnances de nos
Roys, Langued'ouy, & Languedoc, qui com-
prenent generalemēt toutes les parties des Gaules,
par vne diuision toute semblable à celle que les anciens Romains faisoiēt des Gaules, les distinguãs
en la Brayee, & la Cheueluë : car ne plus ne moins
que la Gallia Braccata des anciens Romains cō-
prenoit tout ce pays auec la Prouence ; & celle
qu'ils appelloiēt Comata, le reste des Gaules : aussi
à present le nom de Languedoc s'estend à tout le
pays enfermé entre les deux riuieres du Rhosne,
& de la Garonne ; & le Langued'ouy des vieil-
les Ordonnãces, ou le Languedoil de Vigenere cō-
prend les peuples qui habitent entre les riuieres de
Garonne d'vne part, & la Seine de l'autre. Or

comme l'on ne sçauroit nier que ce terme de Langued'ouy *ne soit composé comme qui diroit,* langue de ouy; *aussi ose-ie bien asseurer que ce mot*
de Languedoc *par vne semblable etymologie &*
diuision, sonne autant comme Langue de oc, *qui*
est vne diction toute propre & particuliere à no-
stre Nation, reuenant à la signification de L'ouy
des autres peuples de France; & *c'est sans doute*
de là qu'est deriuée & descenduë toute ceste liste
de mots battus & forgez sur mesme enclume,
Occitania, Occitanus, lingua Occitana, & *ce*
dernier Languedoc. *Je m'ose bien tant promettre* *Vraye etymo-*
du Lecteur judicieux, qu'apres auoir mesurement *gie du mot de*
pesé tous ces rapports & considerations, il s'eston- Languedoc.
nera auec moy de ceux, qui proposent des etymolo-
gies recherchées de bien loing en vn sujet si clair,
& si manifeste.

Mais il est desormais temps de clorre tout ce
discours, pour venir à nostre principal sujet de
l'Equiualent, que nous entamerons par la dispute
generale des Tailles, & autres impositiõs ordinai-
res ou extraordinaires, puis que l'Equiualent ne
peut estre censé d'autre nature.

D 2

TRAITÉ
DV DROICT DE
L'EQVIVALENT, QVI SE LEVE
au païs de Languedoc.

Aſſauoir, ſi les Tailles & autres charges ordi-
naires, ou extraordinaires mādées impoſer par
les Seigneurs ſouuerains ſur leurs ſujets, doi-
uent eſtre payées, & de quel droict.

CHAPITRE I.

E ſeroit vn erreur en matiere d'E-
ſtat, & vne hereſie en fait de reli-
gió de reuoquer en doute, ſi les ſujets ſont tenus de payer aucunes
tailles, charges, ou ſubſides à leurs
Souuerains ; puis que toutes les
hiſtoires profanes, & Eccleſiaſtiques, toutes les
polices des Royaumes, & autres Eſtats publics, en
ſomme les Eſcritures ſainctes ſont remplies de
paſſages formels, qui recommandent aux ſujets

Ariſt. œcōnō-
mic. agens de
reg. Babyl.
Cic. 1. in Verr.
Geneſ. 47.
c. Magnum 11.
q 1.
c. Omnis ani-
ma, de cenſib.
apud Greg.

l'honneur, le respect, & l'obeyssance enuers leurs Superieurs. Cet honneur ne consiste pas seulemēt en quelque submission, & deuoir rendu exterieurement de parole, ou de fait, au Prince, Roy, ou autre Souuerain quel qu'il soit ; mais encores beaucoup plus à la prestation & payement de tous & chacuns les droicts & tributs tant ordinaires que extraordinaires, qui peuuent estre imposez de son mandement sur le peuple. Et ces droits ne reçoiuēt autre limitation que le besoing & la necessité du Souuerain, qui peut suiuant les occurrences leuer & exiger de ses sujets de nouueaux, & plus grands subsides, qu'ils sont obligez de payer ; puis que ces impositions extraordinaires ne regardent pas tant la conseruation particuliere du Roy, que le bien public, la manutention de l'Estat, & celle de tous ses sujets. Ceste obligatiō est bien si estroite, que j'oserois asseurer (fondé sur le tesmoignage qui nous en est rendu dans les sainctes lettres)qu'elle est non seulemēt de droit Ciuil ou de nature, mais aussi de droict diuin. Quand nous n'en aurions autre asseurance que le denombrement des droicts Royaux que Dieu feit bailler par son Prophete Samuël aux Israëlites, lors qu'ils s'opiniastrerent à la demande d'vn Roy, c'est vn argument peremptoire, auquel il n'y a point de replique : Sinon parauenture qu'on vueille dire que la loy de grace aye innoué quelque chose pour le regard de ces droicts : mais tant s'en faut, qu'au contraire nous ne voyons rien tant

recommandé en tout le nouueau Teſtament, que
l'obeyſſance enuers les Superieurs, & ceſte obeyſſance, comme nous venons de dire, enferme en ſoy
l'obligation que le ſujet a enuers ſon Prince de
payer les charges par luy impoſées de quelle nature
qu'elles ſoient. Ne recherchons la verification de
ceſte doctrine (autant vraye & veritable, qu'elle
ſemble dure & mal-aiſee à digerer à quelques eſto-
machs cacochymes ennemis mortels des Monar-
chies, & des droits qui en dependēt) ailleurs qu'en
l'exemple de ce grand & ſouuerain Legiſlateur
Iesvs-Christ, en la perſonne duquel s'accomplit la
loy ancienne, & recommença la loy de grace. C'eſt
luy meſme qui voulāt teſmoigner cette redeuance,
& obligation que nous auons à nos Superieurs,
paya ſans point de contredit le Tribut qui luy fut
demandé de par Ceſar. Et puis que toutes les actiōs
de noſtre Seigneur ne tendent qu'à noſtre inſtruction & enſeignement, comme diſent ordinairemēt
les ſaincts Peres, ſuiuons hardiment ſes veſtiges, &
en la recognoiſſance que nous rendrons d'oreſna-
uant à nos Roys, jettons nos yeux ſur ce prototype
d'obeyſſance, ſans nous amuſer à examiner ſi les
impoſitions qui ſeront faictes par nos Souuerains
ſeront iuſtes ou injuſtes ; non plus que Iesvs
Christ n'examina point ſi l'impoſition du tribut
qu'on luy demanda eſtoit legitime, ou illegitime.

DES PREMIERS ET PLVS

anciēs subsides, imposés par les Roys de Frāce
sur le Languedoc, auant l'establissement
du droict de l'Equiualent.

CHAP. II.

S'il y euſt jamais au monde Prouince libre ſous la domination de ſes Roys, ou Seigneurs, il faut mettre en ce rang le Languedoc, qui a joüy de tout tēps de grandes & ſingulieres franchiſes, & libertés par l'indulgence de ceux, qui par ſucceſſion de temps ont ſeigneurié & commandé dans ce pays. Les anciens Hiſtoriens nous portent bon & fidele teſmoignage, comme du temps que les Romains y commandoient, ils ne leuoient autre genre de ſubſide ſur nos anceſtres, & n'en tiroient autre profit que de quelque nombre de Caualerie, qu'on eſtoit tenu de leur fournir pour enuoyer aux guerres eſtrangeres. Qu'il ne ſoit ainſi en l'an de la fondatiō de Rome 684. Fonteius Preteur de la Gaule Narbonnoiſe fut accuſé deuant le Senat Romain par Pletorius & Sanga, inſiſtans les Gaulois de ce pays par Induciomarus leur Syndic, d'auoir malverſé en ſa charge, & vſé de quelques concuſſions durant le temps de ſon adminiſtration: & jaçoit

que

l.fin.ff.de cenſib.

Alciat.diſpunĉt.lib. 2. cap.10.

Pomp. Lætus in vita Galli Imp.

que Ciceron son Aduocat face ses efforts, & tâsche
de couurir par son eloquence, & colorer de quelque pretexte specieux ces extorsions, & voleries:
neantmoins il appert assez des propres termes de
sa defense, que sa partie auoit grandement excedé
en sa charge, exigeant beaucoup plus que le pays
n'auoit accoustumé de fournir. Les Roys de France
depuis que ce fleuron a esté reüny à leur Courône,
ne voulans ceder en bien-veuillance enuers leurs
sujets du Languedoc, aux anciens Romains, les ont
maintenus & conseruez en leurs franchises, immunitez, & priuileges, n'ayans assujetty les habitans
de ceste Prouince à aucunes charges extraordinaires qu'en vn extreme besoin, & sous le bon-plaisir
de leurs Estats; destituans de leur absoluë puissance, & authorité royale les Gouuerneurs, accusez
d'auoir faict des oppressions, & exactions illegiti-
mes sur le pauure peuple de ce pays durât le temps
de leur gouuernement: telle fut la destitution du
Duc de Berry oncle du Roy Charles VI. de laquelle nous auons parlé en nostre Preface. Mais pourautant que les diuerses occurrances des affaires
contraignent le plus souuent les Roys les plus de-
bonnaires de surcharger extraordinairement leurs
sujets de subsides, pour subuenir aux necessités de
leur Royaume, & pouruoir tant à la conseruation
de leur personne, que de leurs sujets, principalemêt
où il s'agit de guerres estrangeres, il ne se faut pas
estonner si en ce cas les Roys ont recours aux bour-

Orat. pro Fon-
teio.

Louys Hutin,
& Philippe de
Valois l'an
1338.

E

ſes de leurs ſujets, tant par cruës, ſubſides, impoſts, aydes, emprunts, que autres ſemblables impoſitiõs, qu'ils ſont obligez par toutes ſortes de droiᵈˢ de payer & ſatisfaire. Car comme ils ne tiennent rien que de la liberalité de leur Souuerain; auſſi ſont·ils tenus de contribuer liberalement tout ce qu'ils ont pour la manutention de l'Eſtat. La premiere, & plus ancienne exaᶜtion que nous treuuons auoir eſté faiᶜte dans le Languedoc depuis ſa reünion à la Couronne, c'eſt durant le regne de Louys le Ieune, enuiron l'an de grace 1167. qui exigea de ſes ſujets par quatre ans continuels & conſecutifs, la vingtieſme partie de toutes & chacunes leurs rentes, & reuenus. La ſeconde fut ſous Philippe IV. dit le Bel, lequel preſſé de la guerre contre les Anglois, meit ſus vne impoſition ditte Maletoſte du centieſme, & cinquantieſme de tous les biens poſſedez tant par les Eccleſiaſtiques, que ſeculiers, auec le cinquieſme de toutes marchandiſes & denreés venduës en detail. Depuis le Roy Iean durant ſa priſon en Angleterre leua par ſes Commiſſaires, & Receueurs la vingtieſme de tous les biẽs, meubles, & immeubles, & dix ſols pour teſte de ceux qui ne poſſedoient rien. Mais la liberalité & franchiſe des Dames du Languedoc qui vendirent toutes leurs dorures, carquans, & pierres precieuſes pour fournir à ſa rançon, ſurmonta l'attente de ce Roy. Charles V. impoſa le foüage de quatre liures par feu chacune année aux bonnes villes, & d'vne liure, ou

Premier ſub-
ſide en Lan-
guedoc ſous
Louis le Ieune.

Enguerrand
de Marigny
accuſé depuis
d'auoir eſté
cauſe de ceſte
impoſition.

Liberalité des
Dames du
Languedoc.

Charles V. in-
uenteur de
l'Ayde, qui
depuis fut chã-
gé en Equiua-
lent.

selon quelques autres d'vne liure & demie aux
champs.Ce fut aussi luy qui renouuella les Gabelles
du sel, que Philippe de Valois, auoit commencé
d'establir enuiron l'an mil trois cens quarante trois.
Et non content de ce, il fut le premier qui meit encores sus l'ayde de douze deniers pour liure du prix
de toutes marchandises, denrées, & choses mobi-
laires exposées en vente,ou eschangées auec autres
marchandises, ou biens immeubles; ensemble le
huictiesme à quelques-vns,& le quatriesme à d'autres du vin vendu & debité par le menu. Et fut
ceste forme de tribut appellé du nom d'*Ayde*: d'au- *Etymologie du*
tant qu'il fut octroyé & payé à nos Roys pour leur *mot Ayde en*
seruir comme d'ayde & de secours pour subuenir *faict de subsi-*
aux necessitez de leur Royaume, à quoy ne pou- *de.*
uoient suffire les deniers patrimoniaux, & doma-
niaux de la Couronne. Ce droit fut premierement
inuenté & exigé par le Roy Charles V. & depuis
continué sous les regnes des Roys Charles 6. & 7.
jusques en l'an 1460. comme nous verrōs au chap.
suyuant. Il est vray pourtant que quelques prede- *Louys Hutin*
cesseurs de ces Roys voulant conseruer & mainte- *& Philippe de*
nir les libertez de ceste Prouince, ordonnerēt pour *Valois l'an*
euiter aux desordres, rebellions, & seditions, qui *1338.*
resultent ordinairement de ces charges, Aydes &
subsides extraordinaires, que ces impositions ne se
feissent que de l'adueu & consentement des gens
des trois Estats, és Prouinces qui sont en possession
du droit de les pouuoir assembler : & ie croy que

E 2

ce fut ce qui donna sujet à quelque sedition, qui
s'esmeut dans Montpellier durāt le regne de Charles V. pour raison de l'Ayde cy dessus mentionnée,
en l'imposition & exaction duquel n'estoit encor
interuenu, comme il est vray semblable, l'adueu, &
consentement des gens des trois Estats de ceste
Prouince, ainsi qu'il sembloit estre raisonnable, demeurant aux termes de la Concession sus alleguée.

L'EQVIVALENT QVAND, ET
comment introduit dans le Languedoc,
quelle sorte de droict c'est, & pour-
quoy ainsi appellé.

CHAP. III.

L'Ayde que nous auons dit cy dessus
auoir esté imposé du commandemēt
du Roy Charles V. & qui continua
tant en ce pays, que par le reste de la
France, durāt tout le regne de Char-
les VI. fut à la parfin abatu, du moins en ceste Prouince de Languedoc regnant Charles VII. lequel
bien que du commencement il aye faict exiger &
leuer le mesme droit en ce pays: neantmoins enuiron l'an 1460. les habitans du Languedoc se sentās
grandement foulez & oppressez de ceste sorte

d'impost, apres plusieurs instances & poursuites
impetrerent du susdit Roy Charles VII. l'abolition
de cet ayde, qui auoit duré sous trois diuers Roys
l'espace de nonante sept ans ou enuiron, & au lieu
d'icelle feirent substituer vn autre nouueau droit
d'vn denier pour liure du poids de la chair, & poisson vendus, & debitez tant seulement, non pas des
autres marchandises & denrees, côme l'on souloit
faire auparauant; ensemble la sixiesme partie du
vin, non de celuy qu'on a de son creu; mais bien de
celuy qu'on auroit acheté pour le reuendre. Et fut
cette espece d'imposition & charge dite *Equiualent*,
au bas Languedoc, & *Equipollent* au haut; c'est à dire
qui est d'égale & pareille valeur; d'autant que ce
dernier impost reuenoit à peu prez à la valeur, &
reuenu de l'ayde premierement imposé, au lieu &
place duquel ceste nouuelle imposition auoit esté
substituée. Deux ans apres l'abolitiõ de cet ancien
ayde, & establissement de l'Equiualent le Roy
Louys XI. soit pour se redimer de la peine de con-
stituer de nouueaux officiers, pour faire la recepte,
& exaction dudit droit d'Equiualent, ou pour quelques autres considerations à cé le mouuans par son
Edict du 12. Auril 1462. ceda, donna, & transporta
le susdit droict ausdits habitãs du Languedoc, pour
estre par eux leué & exigé à l'instar des deniers royaux, & en faire, & vser comme bon leur semble-
roit à leur profit & aduantage, à la charge & condition de payer tous les ans à luy ou ses successeurs

Roys de France, à perpetuité, pour raison & en cõ-
sideration de ce don & transport, la somme de soixante dix mille liures tournoises, moyennant laquelle ils seroient tenus quittes & déchargez de
tout ce que luy ou ses successeurs Roys pourroiẽt
pretendre sur ledit pays pour raison, tant dudit premier Ayde, que droiⱥ d'Equiualent posterieurement estably. Depuis lequel Ediⱥ, & en conse-
quence d'iceluy, les habitans de ce pays de Languedoc ont tousiours eu la libre disposition & administration dudit Equiualẽt, telle qu'ils l'ont encores
à present. Pour faciliter donques l'exaction de ce
droit, d'autant que c'eust esté chose fort mal-aisée,
& de grande despense au pays d'establir des Officiers, & Receueurs du susdit droit d'Equiualent; &
que d'ailleurs l'affaire touchant à tout le corps des
habitans dudit pays, il sembloit necessaire que toutes les cõmunautés des villes & dioceses en eussent
cognoissance, ce qui eut esté fort difficile, à cause
de la grande estenduë de ceste Prouince; l'on s'ad-
uisa pour se redimer de toutes ces difficultés, &
frais extraordinaires d'en renuoyer le maniement
& conduite à l'assemblée des Estats, representans
par leurs trois Ordres la generalité dudit pays,
lesquels en vertu du pouuoir à eux donné ont tousiours depuis manié ledit Equiualẽt, & iceluy baillé
en afferme de trois en trois ans au plus grand profit
& auantage du public qu'il leur a esté possible.
Et pour garantir le commun peuple de toute foule

& oppreſſion, qui pourroit eſtre faicte par l'auarice des Fermiers, les gens des trois Eſtats ont accouſtumé à chaſque bail à ferme dreſſer certaines
memoires & inſtructions, ſuyuant leſquelles leſdits Fermiers ſont tenus & obligez par leur contract de leuer & exiger ledit droict, & non autrement. Leſquelles inſtructions, qu'on peut proprement appeller loix du peuple, nous n'inſererons
point dans ce Traité, pourautant qu'elles ne ſont
point certaines, ſtables, & permanentes, mais
changent ordinairement à tous les baux à ferme,
qui ſe font dudit Equiualent, ſuyuant les occurrences du temps, & les neceſſitez du pays. Et puis
que ce droict, comme nous venons de voir, ſe
prend auſſi bien ſur le vin, que ſur la chair, & ſur
le poiſſon, & que les plus curieux pourroient parauenture deſirer d'eſtre éclaircis en parlāt du vin,
du temps auquel on commença de planter des vignes ez Gaules, jaçoit qu'il ne s'en puiſſe dire
rien de certain & d'aſſeuré ; neantmoins pour
contenter la curioſité des Lecteurs, ie me diſpen-
ſeray de traicter incidemment ceſte queſtion, plus
curieuſe que profitable, laiſſant la vuidange & re-
ſolution de ce doute aux plus iudicieux.

QVESTION CVRIEVSE,

Quand fut ce que les vignes commencerent à estre plantées és Gaules, traictée incidemment sur ce que le vin, en certains cas, est sujet au droit d'Equiualent.

CHAP. IV.

'Estant proposé en la recherche de ceste curiosité, de ne rien dire ny auancer que sous la cautiõ, & asseurãce de quelque Autheur authentique, ie ne peux que blasmer la negligẽce de ceux, qui à faute de vouloir mettre le nez dans les bons liures, quand il s'agit de quelque question, la resolution de laquelle depend de la conference des histoires, se laissent aller aux premieres opinions, qu'on leur imprime, sans vouloir s'enquerir ny informer plus auant. I'en ay veu qui estoiẽt en cest erreur, sur le point que nous traictõs, de croire que les anciens Gaulois estoient allez querir le plant de la vigne à main armée dans les pays estrangers, sans alleguer datte de temps, ny d'autheur duquel ils eussent appris cela : jusques à tant donc qu'ils nous ayent donné de meilleures asseurances de leur dire, qu'ils ne s'estonnent pas si

ie mets

ie mets ceſte opinion au rang des fables inuentées
à plaiſir pour chatoüiller les oreilles dès eſcoutans.
Car jaçoir que les hiſtoriens Romains reprochent
à noſtre nation d'auoir paſſé les Alpes affriandis
des delices de l'Italie, & ſur tout de l'agreable
gouſt du vin ; ce n'eſt pas pourtant à dire que leur
intention ait eſté, comme diſent ces reſueurs, d'aller
querir du plant des vignes qui portoient les raiſins,
deſquels ſe faiſoient ces vins ſi delicieux tant chan-
tez, & rechãtez par les anciẽs Poëtes. Leurs prouëſ-
ſes, & memorables faicts d'armes, deſquels au ſortir
de l'Italie, ils remplirent la Grece, l'Aſie, & la Macedoine teſmoignent ouuertement le contraire.
Ioint que s'il faut profonder plus auant la verité de
l'hiſtoire, ſans s'arreſter à toutes ces conſideratiõs,
l'on trouuera que lors meſmes de la venuë des
Grecs de la Phocide en Prouence, qui fut durant le
regne de Tarquin le Priſque, nos Gaulois auoient
deſia des vignes ; puis que au rapport de l'Abre-
uiateur Iuſtin parmy les autres ciuilitez, qu'ils en-
ſeignerent aux Gaulois, ſingulierement à ceux du
Languedoc, leurs proches voiſins, ce fut, dit-il, de
tailler la vigne, & planter l'Oliuier, d'où il s'enſuit
en bonne conſequence que la vigne eſtoit deſia
plantée, & qu'il ne reſtoit plus que le moyen &
l'induſtrie pour la cultiuer, ce qu'ils apprindrent
plus parfaictement des Marſeillois, que d'aucuns
autres. Diſons donques pour ce coup, auec ceux
qui raportent l'origine des Gaulois à Gomer, &

Liu. lib. 5.

Iuſtin lib. 43.

Ibidem.

Beroſus.

F

autres defcendans de Noé que le plant de la vigne
eft venu és Gaules du Leuant ; & que tant s'en faut
que nos anceftres l'ayent pris des natiohs circon-
uoifines ; qu'au contraire ce font elles, qui ont
emprunté de nous la plufpart des chofes dont elles
nous veulent faire aujourd'huy leurs hommageres
& redeuables. Mais poffible voudra-on dire qu'il
n'y a point de vrayfemblance que les Gaulois ayēt
eu des vignes du temps de la fondatiō de Marfeille
par les Phocenfes, puis que ce fut l'Empereur Probus qui leur permit & octroya le premier d'en a-
uoir. Or eft-il certain que depuis le regne de Tarquin le Prifque, auquel temps tombe la fondation
de Marfeille, jufques à l'Empire de Probus, qui fut
l'an de grace 200. il y a enuiron de fept cens ans
d'interualle, partant c'eft mal à propos qu'on veut
faire les vignes fi anciennes és Gaules. A cela ie
refpons que les Hiftoriens faifans mention de cefte
permiffion ont entendu parler de la baffe Allema-
gne, qui eftoit alors comprife fous le nom general
des Gaules, comme faifant portion de la Gaule
Belgique; qu'il ne foit vray les termes Latins, *Vineas
Gallos & Pannonios habere permifit*, le donnent affez à
cognoiftre en ce qu'ils accouplent les Gaulois auec
les Hongres, qui font peuples Septentrionaux, demeurant clair & manifefte de ce que nous venons
de monftrer, que les autres parties des Gaules, fin-
gulierement la Narbōnoife, auoient des vignes
long temps auparauāt l'Empire de Probus : ce que

Pline mefmes qui viuoit 200. ans deuant Probus
tefmoigne en fon hiftoire naturelle , affeurant que
de fon temps il y en auoit és Gaules,& notamment
en Languedoc, & en Prouence : Mais pourautant
qu'il y en a plufieurs qui reuoquent en doute la
fidelité de cet Autheur,ie me difpenferay,puis que
celuy-là leur eft fufpect, d'amener pour plus ample
confirmation de cefte verité le tefmoignage irre-
prochable de Ciceron , lequel en l'an de la fondation de la ville de Rome 684. & partant deux
cens ans deuant Pline,qui viuoit fous Domitian &
Trajan,defendant Fonteius contre les charges que
luy mettoient fus les Gaulois de cefte Prouince,
remarque entr'autres celle-cy , qu'il eftoit accufé
d'auoir mis & impofé vn tribut fur le vin durant le
temps de fon adminiftration , ce qui ne fe pou-
uoit, s'il euft efté vray qu'il n'y euft point eu de
vignes alors dans le pays , principalement pour en
retirer de fi gros deniers que Ciceron aduouë dans
fon plaidoyé. Voila ce qu'il nous a femblé bon de
recueillir fuccinctement fur le fujet de cefte que-
ftion, le iugement & refolution de laquelle nous
renuoyons aux Lecteurs judicieux , qui fçauront
fort bien par la conferẽce de ces Hiftoires,& inge-
nieufement decider, & vuider cefte difficulté,tan-
dis que nous pourfuiurons noftre principale matiere de l'Equiualent.

*Plin. nat. hift.
lib.14. cap. 1.*

*Orat. pro Fon-
teio.*

DES IVGES, QVI FVRENT
establis pour dire droict sur les differens meuz ou à mouuoir pour raison du subside appellé Aydes.

CHAP. V.

D'Autant que de l'Ayde imposé par le Roy Charles V. & depuis continué sous les regnes de Charles VI. & VII. côme nous auons desia veu cy dessus prit son origine le droict qu'on nomme de l'Equiualent; I'ay creu qu'il seroit bien malaisé de recognoistre le reiglement qui fut fait pour la directiõ & conduite des differens de l'Equiualẽt, sans quelque cognoissance prealable de la Iustice establie pour le fait de ces Aydes ; & ce pour deux raisons principalement. La premiere, que ces deux sortes de subsides ayãs esté tirées l'vne de l'autre, il semble que leurs Iustices ayent pareillement quelque affinité, conjonction, & correspondance par ensemble. La seconde, que toute ceste jurisdiction des Iuges particuliers de l'Equiualent fut depuis reünie à la jurisdiction de la Cour des Aydes, comme il se verra cy apres. Lesquelles choses ainsi presupposées il fait à remarquer, que le Roy Charles VII, pour le soustenement de la guerre & defense de la Couronne contre les Anglois, ayāt remis sus les Aydes que ses predecesseurs Roys Charles V. & VI. auoient fait imposer, & exigeāt de nouueau les douze deniers pour liure de toutes denrees & marchandises venduës ou eschangees auec la huictiesme du vin vendu, & debité en detail, il fut contrainct pour la conduite desdites Aydes ordonner des Esleuz, Receueurs, Notaires, & autres Officiers necessaires pour l'Estat & Iustice desdites Aydes, deuant lesquels Officiers se traictoient en premiere instance toutes les causes concernans lesdites Aydes. Mais ces Officiers n'estans pas souuerains, il arriuoit souuent que l'on interjettoit appel de leurs sentences, lesquels appels alloient ressortir en la Cour des Generaux des Aydes establis à Paris, qui prononçoient souuerainement, & par Arrest, comme aux Parlemens, sur tous lesdits differens. Par succession de temps recognoissans les habitans du Languedoc les grands perils & hazards qu'ils couroient en ces longs & penibles voyages, principalement en temps de guerre, supplierent le Roy, estāt alors à Montpellier, qu'il luy pleut auoir esgard aux grandes & notables incōmoditez qu'ils souffroient en la poursuite de ces appellations à Paris, le suppliant de pouruoir là dessus à ses humbles & obeissans subjets de quelque remede conuenable. Sa Majesté inclinant aux humbles remonstrances des habitans dudit pays de Languedoc, pour les releuer de toutes les susdites peines &

Iuges ordinaires des Aydes.

Les Appels en fait d'Aydes alloient jadis ressortir à la Cour des Aydes à Paris.

Remonstrances des habitans de Languedoc sur l'incommodité de ces appels.

F 3

faſcheries par ſon Edict du 20. Auril 1437. inſtitua
& eſtablit trois grands Prelats, aſſauoir D. Arche-
ueſque de Toloſe, G. Eueſque de Laon, autre G. E-
ueſque de Beziers, auec trois autres grands & notables perſonnages lais, qui eſtoient Maiſtre Ar-
naud des Mareſts, Maiſtre des Requeſtes de ſon ho-
ſtel, Pierre du Molin, & Iean de Arcy Licentiez en
droit Canon & Ciuil, Generaux, Conſeillers & Iuges ſouuerains ſur le faict, tant de la iuſtice deſdites Aydes, que autres ſubſides, tailles, gabelles,
ſubuentions & impoſts quelconques impoſez, ou
à impoſer audit Languedoc, leurs circonſtances &
dependances; leur donnant pouuoir, tant à eux ſix
en corps, qu'aux trois, ou quatre d'iceux de cognoiſtre, appointer, decider & terminer toutes ſortes de differens dependans deſdites Aydes, en qualité de iuſtice & Cour ſouueraine, & prononcer par
Arreſt en la meſme forme & maniere, que les generaux des Aydes tenans leur ſiege & auditoire à Paris, ſans qu'il fut loiſible d'appeller ny reclamer en
façon quelconque de leurs ſentences, iugemens, ordonnances ou appointemens, qui eſtoient ſignez
du Greffier, & ſeellés du ſeel & armes de France.
Et voila les premiers fondemens qui furent alors
jettez dans le Languedoc de ceſte ſouueraine Cour
des Aydes, depuis eſtablie à Montpellier, laquelle à
la longue par les grādes attributiōs de juriſdictiō,
& autres grands priuileges que les Roys leur ont
donnez & octroyez de leur ſpeciale faueur & libe-

ralité, est venuë à tel accroissement & grandeur,
qu'elle peut à bon droit estre parangonnée auec
ces augustes assemblées des Cours de Parlement
de ce Royaume : Car bien qu'il apparoisse par les
anciens Registres de l'an 1400. que dés le regne de
du Roy Charles VI. il y auoit dans le Languedoc,
& la Guyenne des generaux pour la Iustice tant du
Domaine que des Aydes & finances : ils n'estoient
pas toutesfois reduicts & formés en corps de Cour
souueraine, comme celle-cy. Et jaçoit que ces Generaux posterieurement establis fussent souuerains
en l'administration de la Iustice desdites Aydes, &
autres impositions, ils n'eurent pas pourtant lors
de ceste premiere institution aucun lieu prescrit, &
assigné pour y rendre la Iustice, mais fut leur siege
deambulatoire par tout le pays, tout ainsi que celuy de la Cour de Parlement.

Generaux des Aydes deambulatoires par tout le Languedoc en leur premiere institution.

DE L'ERECTION DES CON-
seruateurs de l'Equiualent, en tiltre de Juges
ordinaires & souuerains, dans les trois plus
anciennes Seneschaussees du Languedoc.

CHAP. VI.

A Pres ce premier establissement des
Generaux des Aydes, comme le pays
de Languedoc, ne pouuant plus sup-
porter ny souffrir la charge de l'im-

poſition qu'on appelloit *Ayde*, eut obtenu du Roy Charles 7. l'abolition d'icelle ; auec la permiſſion de mettre ſus vn autre nouueau droit, lequel (pourautant qu'il tenoit le lieu, & place, & reuenoit à peu prez à la valeur & reuenu de la ſuſdite Ayde) on nomma Equiualent ; il fut queſtion de creer & ordonner des Officiers pour regir & gouuerner la Iuſtice dudit Equiualent. Sur la requeſte donques des gens des trois Eſtats dudit pays de Languedoc (auſquels le Roy Louys XI. par Edict de l'an 1462. cy deuant allegué, ſeit depuis ceſſion dudit droict, moyennant la ſomme de ſoixante dix mille liures payables annuellemēt) furent premierement creés, & pris du corps des trois Ordres de ladicte Prouince de Languedoc, neuf Conſeruateurs du ſuſdit droit d'Equiualēt, c'eſt aſſauoir, trois de l'Eſtat Eccleſiaſtique, trois de la Nobleſſe, & trois du cōmun peuple, & furent leſdits Conſeruateurs de l'Equiualent eſtablis és trois Seneſchauſſées dudit pays; par toute l'eſtenduë duquel en ce qui concernoit les differens dudit Equiualent, ils iugeoient auec pleniere puiſſance, & ſouueraineté, & en dernier reſſort, & à ceſte cauſe eſtoient appellez Iuges ſouuerains. Toutesfois ce premier nombre, & eſtabliſſemēt des Iuges Cōſeruateurs ne dura pas longuemēt en cet eſtat: car bien toſt apres, aſſauoir en l'an 1463. le meſme Roy Louys XI. iugeāt en ſon Cōſeil que le premier nombre deſdits Iuges Conſeruateurs eſtoit trop petit, pour ſuffire à la multiplicité

des

des procez qui fourmilloient tous les iours de plus
en plus ſur ceſte matiere de l'Equiualent ; & que le
premier département des trois Sieges fait aux trois
Seneſchauſſees dudit pays eſtoit trop incommode,
pour la plus grande commodité des habitans de
çeſte Prouince, & pour faciliter de tant plus la
leuée & exaction dudit droit, & abbreger tant que
faire ſe pourroit les differens qui en reſultoient, par
ſon Edict du 8. Septembre audit an, multiplia le
ſuſdit nombre juſques à quinze, & les départit en
cinq Sieges ; C'eſt à ſçauoir, à Toloſe pour toute
la Seneſchauſſee: A Carcaſſonne pour les Dioceſes
de Carcaſſonne, Alet & Limous, Mirepoix, Alby
& Caſtres : A Beziers, pour les Dioceſes de Narbonne, Beziers, Sainct Pons de Thomieres, Agde,
& Lodeue : A Montpellier, pour les Dioceſes de
Maguelonne, Niſmes, & Vzés : & au Puy, pour les
Dioceſes dudit lieu, & pour ceux du Viuarés, & de
Mende, leur reſeruant au reſte le meſme priuilege
qu'ils auoient auparauant de cognoiſtre des droits
de l'Equiualent, queſtions & debats qui viendroiēt
à cauſe d'iceux, leurs circonſtances, & dependãces,
en auoir la premiere cognoiſſance, auec faculté
d'en juger ſouuerainement, comme Iuges ordinaires & ſouuerains ; faiſant d'abondant inhibitiõs
& defenſes aux Baillifs, Seneſchaux, & autres Iuges
ordinaires, de s'entremettre ny s'ingerer à la cognoiſſance deſdits differens. Et perſeuererent leſdits Conſeruateurs en ceſt eſtat, juſques enuiron

Seconde erectiõ
& départemēt
des Iugès Con-
ſeruateurs de
l'Equiualent
par Edict du
8. Septembre
1463.

G

l'an 1467. que le mefme Roy Louys XI. ayant reco-
gnu vn grand abus & defreiglement en l'adminiftration de cefte Iuftice, mefmes que lefdits Offices
de Iuges Conferuateurs eftoiēt pour la pluspart venus és mains de gens lais, de baffe conditiō, idiots,
& non lettrés, ny entendus au faict de la Iuftice, ny
au maniement des finances; & que d'ailleurs la
Cour de Parlement du Languedoc, eftablie à Tolofe, auoit voulu entreprendre, & de fait auoit en-
trepris fur lefdits Iuges Conferuateurs, la cognoiffance de fouueraineté, & en dernier reffort des caufes & differens du fufdit droit de l'Equiualēt, voulant remedier à tous ces defordres, qui redondoiēt
au grand dommage de fes fujets dudit pays, & re-
tardemēt de fes finances; par autre Edict pofterieur
auroit reformé lefdits Sieges des Iuges Conferuateurs, & iceux rangé comme nous verrons au Chapitre fuiuant.

Comme les Juges Conferuateurs & fouuerains
és caufes de l'Equiualent, furent reduits à la
forme des Juges ordinaires, & leur jurifdi-
ction fouueraine attribuée à la Cour des
Aydes eftablie à Montpellier.

CHAP. VII.

Epuis la premiere inſtitution des Generaux des Aydes, que nous auons cy deſſus remarqué auoir eſté faicte par Charles VII. l'Aydé de douze deniers pour liure, & du huictieſme, ou ſixieſme du vin venant à eſtre abbatuë à la requeſte des gens des trois Eſtats du pays de Languedoc, la juriſdictiõ deſdits Generaux diminua grandement, n'ayans plus la cognoiſſance que des cauſes d'appel interjettées en fait de tailles & gabelles à ſel, qui eſtoit bien peu de choſe, ce qui donna ſujet à quelqu'vn de nos Roys de tranſporter les charges & Eſtats deſdits Generaux, & commettre leur juriſdiction à certain nombre de Conſeillers du corps de la Cour de Parlement, qui la continuerent & exercerent, tenans leur Cour, & Auditoire dans le meſme Palais, que la ſuſdite Cour de Parlement. Toutesfois ne pouuãs leſdits Generaux commodement vaquer à ces deux charges, à cauſe des grandes occupatiõs qu'ils auoient en ladicte Cour de Parlement; ayans d'ailleurs voulu ſuyure le meſme ſtyle & forme de proceder au fait deſdites Aydes, que ladicte Cour de Parlement auoit accouſtumé de garder en l'inſtructiue des autres procés, le Roy Louys XI. pour retrancher toutes ces formalités de juſtice, qui ſembloient auoir immortaliſé les cauſes & procez dependans deſdites Aydes, & autres deniers extraor-

Par Edict du 28. Auril 1437.

Generaux des Aydes pris du corps de la Cour de Parlement exercent leur iuriſdictiõ ſeparement.

dinaires dudit pays de Languedoc, au grand dommage & intereſt de ſes ſubjets, & retardement du payement des deniers deus à ſa Majeſté, auroit par ſon Edict donné à Paris le 12. iour du mois de Septembre 1467. ordonné, que la Cour des Generaux des Aydes, & Equiualent, en cas de dernier reſſort, & ſouueraineté ſeroit & reſideroit d'ores en en auant à Montpellier ; à cet effect par le meſme Edict auroit creé & erigé de nouueau cinq Offices de Generaux, vn Aduocat & Procureur, vn Greffier, & vn Huiſſier: deſquels offices furēt pourueus & gratifiez Mres. Louys l'Huillier Conſeiller en la Cour de Parlement, Daniel du Verger, Louys Corbiere, Pierre Odin, & Pierre Granier Aduocats, pour Generaux : Mes. Iean Sarrat pour Aduocat, Iean Fournier pour Procureur, Maiſtres Iean Murichon pour Greffier, & Iean Belor pour Huiſſier. Or pour faire la creation deſdits Generaux ſans intereſſer ſes finances, il auroit demembré de chacun des cinq Sieges, (où auoient eſté jadis eſtablis ces Iuges Conſeruateurs de l'Equiualent) vn Office de Conſeruateur ; de ſorte que des trois il n'en reſta plus que deux à chacun deſdits cinq Sieges, aſſignant auſdits Generaux de nouueau creez les meſmes gages que leſdits cinq Conſeruateurs demembrés auoient accouſtumé de prendre & perceuoir. Et pour autant qu'il ſembloit eſtre raiſonnable qu'en fait d'Aydes, auſſi bien qu'en toutes autres matieres il y eut deux inſtances, le droit de

l'Equiualent estant purement & simplemēt vn fait
d'Ayde, pour obuier aux entreprises que la Cour
de Parlement faisoit tous les jours sur lesdits Conseruateurs, pour la souueraineté lesdites causes de
l'Equiualent, par le mesme Edict il auroit rangé
lesdits Conseruateurs à la forme des Iuges ordinaires, & attribué la jurisdiction souueraine qu'ils
auoient auparauant ausdits Generaux des Aydes
establis, comme dit est, à Montpellier : leur dōnāt
faculté & puissance de juger, decider, determiner &
sentencier toutes les causes & procez pendans pardeuant eux du fait desdites Aydes, Equiualent, &
autres deniers extraordinaires dudit pays de Languedoc comme Iuges souuerains, & en dernier ressort. Et pour plus grande marque de ceste souueraineté, le mesme Roy par le susdit Edict, permet
ausdits Generaux des Aydes, en faisant leurs che-
uauchées par le pays, pourueu qu'ils soiēt en nombre de trois, ou de deux en la compagnie du Gouuerneur de la Prouince, ou de son Lieutenant, ou
du General de ses finances audit pays (qui tenoit
alors la place des 22. Thresoriers qui sont à present
ez deux generalitez de Tolose, & Montpellier) de
vuyder & juger, mesmes hors de leur Siege, & Auditoire principal, les causes & procez pendans deuant eux, és lieux où ils seront : priuilege qui ne fut
jamais accordé que l'on sçache aux Conseillers des
Cours des Parlemens.

Aussi faloit-il que ceste plante mise fraischemēt dans le jardin de ceste Prouince par la propre main de nos Roys, fut arrousée de la faueur speciale de leurs graces, pour l'esleuer à la grandeur, dignité, & authorité en laquelle on la voit pour le present. Et fut cet Edict executé selon sa forme & teneur le 8. Decembre audit an, par les Commissaires y nómés; assauoir l'Euesque du Puy, lieutenant du Duc de Bourbonnois & Auuergne Gouuerneur & lieutenant general pour le Roy audit pays, & le Sieur de Fontanilhes Conseiller, & Maistre d'hostel de sa Majesté, subrogé au lieu & place de Guillaume de la Varie General des finances; & en procedant lesdits Sieurs Cómissaires à ladicte execution & establissement de ladicte Cour des Aydes, ils receurēt les sermens en tel cas requis des Generaux & autres Officiers sus-nommés auant que les installer en leurs offices. De la teneur de cest Edict appert assés la grande authorité que nos Roys ont donné à ceste Iustice & Cour des Generaux des Aydes; & le grand priuilege des deniers royaux, pour l'acceleration desquels il semble que les Roys de France ayent voulu deroger à tout ordre & forme ordinaire de proceder en autres matieres, ayans ordonné qu'en faict d'Aydes, Equiualent, tailles & autres charges ordinaires ou extraordinaires, on peut appeller *omisso medio* : mais, comme nous auons dit, cela est special en ces instances, & sans prejudice des formalités qu'on a coustume d'obseruer és autres causes qui ne sont de ceste nature.

DE LA REDVCTION DES
*Juges Conseruateurs de l'Equiualent au nom-
bre de cinq, & reünion de ceux du Puy & de
Tolose, aux sieges de leurs Seneschaussees.*

CHAP. VIII.

AV Chapitre precedent nous auons commencé de voir la decadence des Iuges Conseruateurs de l'Equiualēt, lesquels comme nous venōs de monstrer, à suite de l'Edict de nouuelle creation des cinq Generaux des Aydes, furent reduits au nombre de dix, de quinze qu'ils estoyent auparauant, & rangez à la forme de Iuges ordinaires ; bien qu'ils fussent souuerains dés leur premiere institution, leur iurisdiction souueraine ayant esté transferée à ladicte Cour des Aydes establie à Montpellier, en vertu du mesme Edict ; si bien qu'ils resterent seulemēt Iuges en premiere instāce des causes de l'Equiualent, la vuidange des appels releués de leurs sentences appartenant immediatement, & en dernier ressort à ladicte Cour des Aydes comme dit est. Reste maintenant à deduire le surplus des changemens qui sont arriuez à ces Offices; car bien que ce soit chose certaine que depuis ce dernier Edict, lesdits Iuges Conseruateurs

demeurerent paifibles en leurs Offices fans aucun
trouble ny empefchement prefque par l'efpace dè
cent ans ; neantmoins ils receurent vne grande fé-
couffe fous le regne du Roy Charles IX. lequel en
l'an 1560. voulant pouruoir en fon Confeil aux
plainctes & doleances, & remonftrances des deputez des trois Eftats tenus en la ville d'Orleãs,entre
autres ordonnances qu'il feit, voulut & ordonna,
pour donner ordre certain à la multiplicité des de-
grez de jurifdiction, & retrancher toute longueur
de procez;Que en chacune ville où la juftice feroit
exercée fous fon nom n'y auroit que le Bailîif, Se-
nefchal ou autre principal Siege, reffortiffant fans
moyen à la Cour deparlemẽt: & pour ce faire par
ladite Ordonnance il auroit fupprimé toutes jurif-
dictions inferieures ez villes où font lefdits Bailliages,& Senefchauffées, & icelles auec ceux qui les
exerceoient reüny aux corps des Sieges defdits
Baillifs,& Senefchaux.En confequence de laquelle
Ordonnance il falloit que lefdits Offices de Iuges
Conferuateurs,comme ayans efté eftablis és villes
où il y auoit des Senefchauffées, & fieges reffortif-
fans immediatement à la Cour de Parlemẽt, fuffent
fupprimés, & lefdits Iuges Conferuateurs auec
leur jurifdictiõ reünis & incorporés aufdits fieges.
Neantmoins la fufdite Ordonnance ne fut pas ge-
neralement executée en toutes les Senefchauffées
où lefdits Conferuateurs auoient efté eftablis,
foit par la negligence des Officiers defdits Sieges;
ou pour

Ordonnances
d'Orleãs 1560
art. 49. 50.

où pour le peu de profit que lesdits Iuges Conseruateurs treuuoient en ceste reünion : Ioinct qu'en
la plufpart desdits Sieges, il n'y auoit qu'vn feul
Iuge Conferuateur, les autres ayans esté fuppri-
mez par le decez de ceux qui en auoient esté pourueus, ce qui faifoit qu'ils estoient plus tardifs à demander ladicte reünion, receuans plus de profit en
feul de cet Office, qu'ils n'euffent fait de celuy de
Confeiller aufdits Senefchauffées. Ceste confide-
ration pourtant n'auroit peu arrester le Iuge Conferuateur du Puy de demander en confequence de
la fufdite Ordonnâce ladicte reüniõ de fon Office,
à ladicte Senefchauffee du Puy, ce qu'il auroit obtenu par Edict du Roy Charles IX. donné au Cha-
fteau de Boulongne au mois de Iuillet 1568. Lequel
Edict feruit depuis de modelle, & de patron pour
la reünion & reiglement des Iuges Conferuateurs
de la Senefchauffée de Tolofe, lefquels, fur l'aduis
des premier & fecond Prefidens, & des deux Aduocats generaux au Parlement de ladicte ville par
autre Edict du mefme Roy Charles IX. donné pa-
reillemẽt à Boulongne au mois de Iuin 1572. pofte-
rieurement à celuy du Puy, furent fupprimés, &
leur jurifdiction vnie, & incorporée au Siege Prefidial & Senefchauffée dudit Tolofe, enfemblemẽt
auec leur Greffe, pour y estre conjoinctement d'o-
res en auant exercée. Et pour recompenfer lefdits
Iuges Conferuateurs fut creé & erigé vn Office de
Confeiller fupernumeraire audit Siege Prefidial

H

Reunion des Iuges Conferua-teurs du Puy.

Reünion des Iuges Conferua-teurs de Tolofe, au fiege prefidial.

de Tolose, duquel fut pourueu M. Pierre du Sollier
l'vn des deux Iuges Conseruateurs establis en ladicte Seneschaussee ; à la charge de rembourser
François Raufel, pourueu de l'autre Office de Iuge
Conseruateur, & que ledit du Sollier nouueau Cō-
seiller venant à deceder, ledit Office supernumerai-
re demeureroit supprimé, & ladicte jurisdiction des
Conseruateurs de l'Equiualent reünie audit Siege.
Et jaçoit que ce reiglement de reünion , & de nouuelle creation & erection d'vn office de Conseiller
en chacune desdites Seneschaussées eust esté faict
aussi bien au profit des Iuges Conseruateurs de
Montpellier, que pour ceux de Tolose , & du Puy;
nous ne treuuons pas pourtant qu'ils se soient mis
en deuoir de le faire executer, ny de faire proceder
à ladicte reünion, que depuis quelques années, que
M. Paul Berthelemy Bornier estant pourueu en seul
dudit Office de Iuge Conseruateur audit Montpellier, auroit demandé l'executiō de la reünion dudit
office, en quoy il auroit esté troublé tant par le
Iuge-maje, & autres Officiers du Gouuernement,
& siege Presidial, que par la Cour des Aydes dudit
Montpellier : mais sa prouision ayant esté treuuée
juste, & legitime par Arrest du Conseil donné con-
tradictoirement auec lesdits Officiers le 22. jour dū
mois de Iuillet 1611. ledit Bornier auroit esté
maintenu en la possession & jouyssance dudit office
pour en jouyr conformement audit reiglement,
ordonnance, & arrests precedens donnés au Parle-

ment de Tolose. Depuis ledit Bornier pere auroit
resigné ledit office de Iuge Conseruateur à M. Philippes Bornier son fils, pour en jouyr en son lieu &
place, lequel apres plusieurs grands differés & procez par luy demenez contre lesdits Officiers Presidiaux de Montpellier, tant au Parlemēt de Tolose,
Chambre de l'Edict seant à Castres, qu'au Conseil;
finalement suyuant l'accord fait & passé entre parties, il auroit esté receu & installé audit office de
Conseiller, & remis ledit office de Iuge Conseruateur aux Officiers dudit Presidial, lesquels pour
n'estre contraincts à cause de ladicte reünion de
prester le sermēt à la Cour des Aydes dudit Montpellier, à quoy on les vouloit obliger, & par consequent assujettir leur jurisdiction à celle de ladicte
Cour, auroient depuis baillé, & cedé ledit office de
Iuge Conseruateur à M. Iean Ricard sieur de Malbois, & Iuge des Baronnies dudit Montpellier, lequel apres auoir obtenu du Roy les prouisions sur
ce requises, auroit à suite de sesdites prouisiós esté
receu, & installé en ladicte charge de Iuge Conseruateur, pour en jouyr auec les authoritez, & priuileges accoustumez, & à cet effect presté le serment
à ladicte Cour des Aydes en la mesme forme &
maniere que les autres Iuges Conseruateurs.

De ce dessus l'on peut recueillir qu'il n'y a eu que
les seuls Conseruateurs du Puy, & de Tolose, qui
ayent jusques icy jouy de l'effect de la susdite Ordonnance de Charles IX. & que les autres sont de-

meurez au premier Eſtat, ſauf en ce qui concerne
le nombre anciē ; car à preſent aux Sieges où ladite
reünion ne fut point faite, leſdits offices ſon exercés
par vn ſeul pourueu ; Aſſauoir au Gouuernement
& ſiege Preſidial dudit Montpellier par ledit de
Ricard ; en la Seneſchauſſee de Carcaſſonne par
Maiſtre Pierre Decoſta, & à Beziers par M. Tor-
ches. Et jaçoit que par cy deuant la Cour des Aydes de Montpellier en ce que concernoit la juriſdiction deſdits Iuges Conſeruateurs audit Montpellier, ne permit point que les Iuges ordinaires
ny autres cogneuſſent des cauſes dependans dudit
droict de l'Equiualent, ains euſt accouſtumé de
commettre leſdites cauſes à certain nombre d'Aduocats plus anciēs de ladite Cour, pour les vuyder,
iuger, & terminer ; neantmoins depuis que leſdits
Borniers pere & fils eurent eſté pourueus deſdits
Offices, & repeté leurs droicts par la voye de la
Iuſtice, on y apporta autre reiglement, & fut ledit
de Ricard conſerué en la paiſible poſſeſſion dudit
office de Iuge Conſeruateur ; & voila juſques à ce
jourd'huy les diuers changemens que ceſte Iuſtice
de l'Equiualent a ſoufferts, tant en la forme de ſon
adminiſtration, qu'en la qualité, & quantité de
ſes Officiers.

DES FORMALITEZ ET
conditions qui se gardent ordinairement és
affermes du droit de l'Equiualent.

CHAP. IX.

APRES auoir traité de l'origine du droit de l'Equiualent estably en ce pays depuis cét cinquante six ans ou enuiron, ensemble de la Iustice tant subalterne que souueraine admini-stree par diuers Officiers sur les differēs meus pour raison dudit droit, ses circonstances & dependances, reste maintenant à voir le surplus concernant les affermes & exaction dudit droit sur les habitās de ce pays. Nous auons veu cy dessus, comme dés l'an 1462. le Roy Louys XI. auoit cedé & transpor-té le susdit droit audit pays moyennant la somme de soixante dix mille liures payables tous les ans à luy, & ses successeurs Roys, & comme en conse-quence de ce transport les habitans de ce pays auoient remis le maniement dudit droit de l'Equī-ualēt ez mains des gens des trois Estats dudit pays, pour estre par eux administré en la meilleure forme qu'ils auiseroient. La suite du sujet nous inuite à present à declarer la forme de l'administratiōn de ce droit, qui se fait par lesdits Estats.

Premierement, d'autant qu'il euſt eſté malaiſé d'exiger ce droit par communautez, & d'en faire le départemēt ſur tout le pays,cōme nous auons deſia monſtré cy deuant , ils treuuerent expedient d'y proceder par affermes , ce qui s'obſerue encores à preſent,& ſe font leſdites affermes de trois en trois ans en pleine aſſemblee des Gens deſdits trois Eſtats,& Commiſſaires y preſidans pour le Roy, à la chandelle eſteinte,au plus offrant, & dernier encheriſſeur,faiſant la condition dudit pays meilleure, ſans que perſonne de quelle qualité qu'il ſoit, puiſſe pretendre aucun droit de preference ; ains ſont indifferemment toutes ſortes de pretendans receus à dire & ſurdire à certaines charges & conditiõs touteſfois, leſquelles quoy qu'elles ne ſoiēt par touſiours les meſmes,ains reçoiuent par fois du changement ſuyuant les occurrences du temps , & des affaires : neantmoins pour la plus grande facilité , & commodité des Lecteurs nous rangerons icy par articles les plus communes, & ordinaires.

Article I.

LES affermes du droit de l'Equiualent ſe font communemēt par triennes aux perils, hazards, & fortunes de ceux qui prennent leſdites affermes, & ſans eſperance d'aucun deſdōmagement, rabais, euiction,ny garātie, ſoit pour guerre,ou autres cas opinez & nō opinez,& commence chaſque trienne le prēmier iour du mois de Septembre, finiſſant le dernier iour d'Aouſt apres trois ans complets & reuolus.

II.

Tous pretendans aufdites affermes font receus
à furdire, à la charge que fi l'afferme dudit droit de
l'Equiualent fe fait en blot, leur furdite furpaffe, &
excede la precedente de trois cens liures; fi elle eft
diuifée par generalitez, que la furdite du dernier
furdifant foit plus grande de cent cinquante liures;
fi par Senefchauffees de cent liures, & par Dioceſes
de vingt cinq, & non autrement.

III.

Doit le dernier encheriffeur dans vingt & quatre
heures apres la deliurãce de ladicte afferme bailler
cautions pour la folle enchere és mains du Greffier
pour le Roy aufdits Eftats ; ou à faute de ce faire
ladicte afferme fera baillée au dernier furdifant à la
folle enchere de celuy qui n'aura point cautionné
dans le fufdit temps.

IV.

Le dernier fermier, à qui la deliurance aura efté
faicte à la folle enchere du defaillãt, ne pourra eftre
contrainct au payement de la folle enchere ; pour
laquelle les Receueurs generaux drefferont leurs
cõtrainctes contre les premiers fermiers particuliers, ou du blot, leurs cautions, & nominateurs, le
tout fuyuant l'ordre de droit.

V.

Les fermiers, & leurs cautions obligeront folidairement leurs perfonnes, & biens au payement
du prix de leur afferme, & pourront lefdites cautiós

eſtre priſes & nommées de tout le pays de Languedoc, pourueu qu'ils ſoient perſonnes ſoluables, &
domiciliés audit pays, ſans que leſdits fermiers
puiſſent eſtre aſtreints, comme par cy deuant, à les
bailler des Generalitez, Seneſchauſſees, & Dioceſes

d'où ils ſont fermiers, ſuyuant le dernier reiglemēt
& deliberation ſur ce priſe, en pleine aſſemblee des
Eſtats dudit pays.

V I.

Quand les affermes dudit droit d'Equiualent ſe
feront en blot, demeureront les cautions du fermier principal obligez juſques à tant que les cautions des fermiers particuliers des Generalitez,
Seneſchauſſees, ou Dioceſes auront eſté receuës ez
aſſiettes, & aſſemblees deſdits Dioceſes, par le Cō-
miſſaire, Syndic, & deputez d'icelles.

V I I.

Pourront toutesfois les fermiers du blot de l'E-
quiualēt ſous-affermer les Dioceſes durant la tenuë
& aſſembléc des Eſtats dudit pays, ſi bon leur ſemble ; auquel cas les baux & contracts particuliers
ſeront paſſez par leſdits fermiers, & receus par le
Greffier deſdits Eſtats auec les cautions de la folle
enchere, appellez les deputez deſdits Dioceſes.

V I I I.

Deuant la cloſture deſdits Eſtats remettront les
fermiers generaux du blot ou Seneſchauſſées ez
mains des Sieurs Commiſſaires, l'eſtat des ſousfer-
miers, ou departement par eux fait de la portion de
chacun

chacun Diocefe ; fuyuant lequel eftat, ou departement les cautiós feront bailleés és affiettes defdits
Diocefes,& jufques à la reception defdites cautiós,
demeureront obligées les cautions de la folle enchere defdits fermiers generaux du blot dudit
Equiualēt ; bien qu'ils foient déchargés de bailler
autres cautions dudit blot que celles de ladicte
enchere.

IX.

Ne pourront les fermiers particuliers fous pretexte de quelque auance, dépos, ou autre forme
extraordinaire, dont ils fe voudroient ayder, eftre
receus à bailler cautions pour le prix de leurs fous-
affermes que de perfonnes legitimes & foluables
refidens & domiciliez audit pays.

X.

Et à faute par lefdits fermiers particuliers de
bailler & faire receuoir leurs cautiós és affemblees
des affiettes defdits Diocefes tenuës immediatement apres lefdits Eftats, les Cōmiffaires, & deputez defdits Diocefes procederont à l'afferme dudit
droit de l'Equiualent à la folle enchere defdits fermiers, fans aucune fommation ny interpellation,
s'ils ne font habitans dudit Diocefe, ou s'ils n'ont
efleu domicile en iceluy, où ladicte interpellation
puiffe eftre faicte ; pour laquelle folle enchere fera
permis aux Syndics defdits Diocefes, faire execution fur les perfonnes & biens defdits fermiers,
foient particuliers ou generaux, leurs cautions &

I

nominateurs folidairement, le foluable pour l'in-
foluable, en vertu de la feule ordonnance du Commiffaire prefidant en chacune d'icelles.

X I.

Les contracts des affermes particulieres, faits &
paffez auec toutes ces formalitez & precautions
par le fieur Commiffaire prefidant aufdites affiettes,
font irreuocables ; fauf fi dans vn mois apres, pour
toute prefixion de delais, le premier fermier fait receuoir fes cautiõs par les deputez du Diocefe, qu'il
fera r'affembler à fes defpens, ou deuant Meffieurs
les Threforiers generaux de Françe, en la generalité d'où dependra fon afferme ; à la charge de raporter audit Diocefe l'acte du cautionnement, à peine
de tous defpens, dommages, & interefts.

X I I.

Seront tenus lefdits fermiers apporter à leurs
defpens les deniers de leurs affermes, & receptes
generales au Bureau de chaque Generalité de Tolofe, où Montpellier, d'où dependront leurs affermes, vn moys, ou au plus tard fix femaines apres
les quartiers efcheus, fuyuant l'Arreft de la Cour
des Aydes de Montpellier.

X I I I.

Ne pourront toutesfois les Receueurs generaux, à faute de payement par lefdits Fermiers du
prix de leurs dictes affermes, dreffer leur execution
contre les Syndics, Cõfuls, & habitãs defdits Diocefes ; mais feulement contre les Fermiers, leurs

cautions, & nominateurs ; ou contre ceux qui auront receu lefdites cautions, fi tant eft que, prealable difcuffion faite fur les biens des principaux
obligez, leurs cautions, ou nominateurs, ils ayent
efté trouuez infoluables.

XIIII.

Doiuent auffi lefdits Fermiers à la fin de leurs-
dites affermes, dreffer Eftat de leur recepte &
defpenfe deuant Meffieurs les Threforiers generaux de France, en la generalité d'où depen dront
leurs Diocefes, & en rendre bon compte, à la Châ-
bre des Comptes dudit Montpellier.

REGLEMENT DES

DENREES, SVR LESQVELLES
se doit prendre le droit de l'Equiualent.

Dreßé pour la pluspart sur les Memoires & Instructions des Estats, & Arrests de la Cour des Aydes.

Pres auoir deduit le plus succintement qu'il nous a esté possible, ce que nous auons estimé necessaire pour l'intelligence de l'origine du droit qu'on appelle Equiualent, ensemble la forme de son establissement dans ceste Prouince: & fait voir l'ordre qui auoit esté gardé en diuers temps, en l'administration de la Iustice, sur les differens meus pour raison du susdit droit, auec la diuersité, nombre & qualité des Officiers creés & erigez pour la decisiõ desdits differens; Il faut maintenant venir à ce qui est de plus essenciel audit droit, & ce faisant declarer sommairement les cas, esquels le vin, la chair, & le

poiſſon, (qui ſont les trois ſortes de denrees, ſur leſquelles ſans plus on leue ledit droit d'Equiualēt) ſont ſujets, ou exempts de ceſte impoſition & ſubſide. Pour à quoy proceder auec plus de facilité & de methode, nous auons iugé expedient de faire vn Chapitre particulier de chacune deſdites ſortes de denrees, & iceluy diuiſer par nombres cottez au marge, portant chacun vn cas, auquel leſdites denrees ſont exemptes ou ſuiettes audit droit de l'Equiualent.

PREMIEREMENT DV VIN.
CHAP. X.

Contenant diuers cas, eſquels le vin eſt exempt ou ſuiet à l'Equiualent.

I   Outes perſonnes tenans aſſiette de beuueurs, ou ſans aſſiette reuendans vin en detail ou par le menu, en quelque part que ce ſoit du pays de Languedoc, ſeront tenus payer lediċt droiċt d'Equiualent aux Fermiers, leurs Commis, ou autres ayant d'eux charge ; excepté és lieux qui ont priuilege ſpecial du Roy, deuëment veriffié & enregiſtré, tant en la Cour des Aydes, Chambre des Cōptes, Threſoriers generaux de France, que receu par les Eſtats

Par Ediċt du Roy, du 15. Feurier, 1556.

dudit pays: comme Ayguesmortes, & autres villes
& lieux de pareille nature.

2 Quant aux villes & lieux, où il y a des Foires
establies auec concession d'immunité & exēption,
tous ceux qui y reuendront du vin en detail ou par
le menu, payerōt ledit droit d'Equiualent; nonob- *Par Arrest
stant lesdictes exemptions, qui ne s'entendent que *de la Cour des
pour raison des marchandises, & autres choses mo- *Aydes de Mōt-
biliaires non subiectes au payement dudit droit *pellier, du 18.
d'Equiualent. *Decēbre 1613.

3   Tous vignerons qui tiendront vignes à moitié
de fruicts,& icelles cultiuerōt eux mesmes de leurs
bras, ou les feront cultiuer par leurs domestiques
ordinaires, pourront vendre & debiter le vin qui
prouiendra à leur part & portion tant en gros, qu'ē
detail, & menu ; comme bon leur semblera, sans
payer aucun droit d'Equiualent : pourueu qu'ils
ne tiennent assiette de beuueurs : parce que le vin
ainsi recueilly est censé comme de leur creu:& faisant cultiuer lesdites vignes par autruy, payeront
le droit de l'Equiualent.

4   Tous habitans dudit pays ayant du vin de leur
creu, recueilly dans la Prouince, le pourront vendre & debiter tant en gros, qu'en detail, & par le
menu, sans payer aucun droit d'Equiualent: pour- *Arrest du 15.
ueu que la debite s'en fasse aux lieux où ils payent *May, 1597.
les charges des vignes, esquelles est excreu ledit
vin, ou bien sur le lieu de leurs domiciles.

5 Si quelque habitant du pays, pour suruenir à ses

affaires vend le vin de son creu, il en peut apres acheter d'autre pour sa boysson tant seulement, sans payer aucun droit d'Equiualent: moyennant que lors qu'il fera ledit achat, il n'aye autre vin dans sa caue ou cellier. Car s'il y en auoit & qu'il n'eust raisonné ou faict marquer au Commis du Fermier le vin acheté, auant que le mettre dans sa caue, il ne pourroit apres vendre celuy de son creu, en detail ou menu, sans payer ledit droict d'Equiualent.

6 Tous habitans dudit pays, soyent domicilliés ou forains, peuuent achepter du vin par tout où bon leur semblera, tant dans le Diocese où ils sont, que dehors, sans payer aucun droit d'Equiualent, sauf s'ils le reuendent en detail, ou par le menu.

7 Ceux qui tiendront des vignes en arrentement à prix d'argent venans à vendre le vin recueilly ausdites vignes en detail ou menu; doyuent payer le droit d'Equiualent, comme estant du vin acheté, & non prouenu de leur creu.

8 Tous ceux qui tiendront en arrentement des Archeueschés, Eueschés, Commäderies, Abbayes, Chartreuses, Conuents, Benefices, Colleges, & tous autres biens d'Eglise, soit de partie de fruicts, ou en argent & denrees, vendant le vin recueilly ausdits arrentements par le menu & en detail, seront tenus payer ledit droict d'Equiualent.

Par Arrest de la Cour des Aydes, du 3. Auril, 1613.

9 Tous Prieurs, Recteurs, ou Vicaires, & autres
personnes

perſonnes Eccleſiaſtiques vendãs leur vin en gros,
detail ou menu prouenu de leurs Benefices &
Prieurés, ou Offrandes, ne payeront aucun droiƈt
d'Equiualent pour ce regard.

10   Si vne perſonne prend en payemẽt, pour quelque cauſe que ce ſoit, les fruiƈts d'vne vigne pour
certain temps; s'il vient à vendre le vin qu'il en re-
cueillira en detail ou menu, il en doit le droiƈt de
l'Equiualent: nonobſtant qu'il aye faiƈt cultiuer ladite vigne: par-ce que c'eſt proprement vn achat
de fruiƈts.

11   Les Marchans trafiquans en vin, & vendans
iceluy en detail ou par le menu, payeront ledit
droit d'Equiualent : nonobſtant que ledit vin ſoit
de leur creu : & ce de demy charge de cheual en
bas, & non au deſſus.

12.   Si quelqu'vn a faute de payement des ſommes
par luy deuës, a eſté executé d'authorité de Iuſtice
ſur du vin de ſon creu, & que lediƈt vin aye eſté
vendu & traduiƈt au pouuoir de l'acheteur iudiciai-
re, ſi apres lediƈt executé vient à racheter ſondiƈt
vin, & le reuend, ſoit en gros, ou detail, ne doit
payer aucun droiƈt d'Equiualent; veu que lediƈt
vin ainſi racheté a reprins ſa premiere qualité de
vin de creu & non acheté.

13.   Tous ceux qui auront vignes hors les lieux,
terroirs & juriſdiƈtions de leurs domiciles, ou Dioceſes, faiſant apporter la vendange au lieu de leur
domicile, peuuent vendre le vin qui en prouien-

K

dra, tant en gros qu'en detail & par le menu, sans
payer aucun droict d'Equiualent: moyenant qu'ils
ayent certificat des Consuls, Officiers, ou autres
personnes ayans charge en la Iustice, ou en la police, comme ladicte vendange est prouenuë desdi-
ctes vignes & proprietez, la situation, contenance,
ou confrontation desquelles doiuent estre expri-
mees dans ledit certificat ; sauf au fermier verifiant
le contraire du contenu audict certificat, d'agir
pour son droict, & faire condamner, tant le contre-
uenant que lesdits Officiers compris audit attesta-
toire, en l'amende pour la fraude commise, auec la
confiscation dudit vin.

14　Toutes personnes ayans des vignes hors le
pays du Languedoc, & n'en payans les charges ordinaires dans ledict pays, venans à debiter en detail, dans le ressort dudit pays, le vin excreu ausdites vignes, doiuēt payer droict d'Equiualent: d'autant qu'il n'est pas raisonnable que le vin estranger
aye plus de priuilege que celuy qui a esté recueilly
dans le pays ; & qu'il est certain de droict commũ,
que les estrangers ne peuuent succeder aux herita-
ges sans estre naturalisez. Or ceste exemption du
droict de l'Equiualent pour le regard du vin naturel du pays, luy tient lieu d'heritage, à la succession duquel le vin estranger ne peut estre receu; autrement il faudroit dire que la condition de l'estrã-
ger seroit plus auantageuse que celle du naturel;
d'autant que les proprietaires des vignes dans le

suſdict pays de Languedoc, payent les tailles d'i-
celles au deſchargement dudict pays, qui fait qu'ils
ne peuuent bailler leurvin à ſi bon compte, comme
ceux qui ont leurs vignes és lieux, où les charges ne
ſont ſi grandes, ou bien ſeulement perſonnelles.
Que ſi le vin naturel du pays, comme nous auons
deſia remarqué cy deſſus, ne ſe peut debiter que
aux lieux où les proprietaires payent les charges
des vignes, ou ſur le lieu de leurs domiciles, ſans
payer ledit droict d'Equiualent; il eſt beaucoup
plus raiſonnable, que le vin eſtranger ne ſe puiſſe
vendre dans le pays ſans tremper audit droict. Ioint
qu'en ce faiſant on couppe chemin à vne infinité de
procez qui pourroient ſourdre entre les fermiers
dudit Equiualent, & les proprietaires deſdites vignes eſtrangeres, ſur la verification des terroirs &
en laquelle interuiendroit ordinairement vn grãd
conflict de iuriſdictiõ entre les Officiers d'vn pays
& d'autre.

15. Tous hoſtes majeurs & mineurs, cabaretiers,
paſticiers, reuendeurs, & autres tenans aſſiette de
beuueurs audict pays, vendans vin, ſoit de leur
creu ou autrement, doiuent payer ledict droict
d'Equiualent, lequel droict conſiſte en la ſixieſme
partie du vin vendu, & ſe doit prendre ſuiuant le
prix de la vente, & non de l'achat. Hoſtes majeurs, ſont appellez ceux qui logent les gens de
cheual; mineurs, ceux qui logent les gens de pied,
& baillent à pieces. Et ſont tenus leſdits hoſtes

majeurs raiſonner le vin au plus hault prix des hoſteliers mineurs ; dudit lieu, ou autres plus proches.

16. Ledict droict de l'Equiualent ſera payé dans la ville de Toloſe en la meſme forme & maniere qu'il ſe paye par tout le pays de Languedoc, ſans que les Capitouls dudit Toloſe puiſſent exempter aucunes enſeignes cōme ils ont autresfois voulu faire, nonobſtant laquelle pretenduë exemption, les rentiers & fermiers deſdites enſeignes, ſeront contrainćts payer ledićt droićt conformement à la trāſaćtion paſſee entre le Syndic du pays de Languedoc, & le Syndic des Capitouls & habitans dudit Toloſe, le troiſieſme Decembre mil cinq cens dix-neuf, authoriſee par Arreſt de la Cour des Aydes de Montpellier, & par autre Arreſt de la Cour de Parlement de Toloſe, le 26. Mars mil cinq cens vingt cinq.

17. Les fermiers dudit droićt de l'Equiualent ou leurs Commis, auant que retirer payement de ce qui leur ſera deu par leſdićts hoſtes, ſont tenus de diſtraire la lie des tonneaux, & la boiſſon deſdićts hoſtes, leurs femmes, enfans, valets, ſeruantes, & de toute leur famille, enſemble des trauailleurs qui auront cultiué les vignes, & autres leurs domeſtiques, leſquels à ces fins ils ſeront tenus bailler par declaration audićt fermier ou ſon Commis, tant pour le nombre ordinaire de leurdićte famille, que pour les perſonnes qu'ils tiendront à

Arreſt du 30. May 1554.

loüage pour faire lefdites cultures pendant l'année, & les luy exhiber, faire voir & enregiftrer dans le regiftre dudict Commis, qui en doit bailler coppie aufdicts hoftes, s'ils le requierent, pour apres là deffus eftre faite la fufdite diftractiõ ; Toutesfois fi le vin auoit efté nourry ailleurs, & puis apres tiré hors de la maire & tranfporté à charges, ou autrement, en ce cas il ne fe doit faire aucune diftraction de la lie : parce qu'il n'y en a point eftãt vin pur & net.

18. Si les hoftes cabaretiers, reuendeurs & autres tenans affiette de beuueurs, ne compofent auec le fermier par mois, quartier, année, ou trienne: ains feulement font au ras par pipe, tonneau, ou barrique, & exhibent leurs tonneaux au Commis dudit fermier pour les marquer; Ne pourront lefdits hoftes cabaretiers & reuendeurs, boire ny tenir autre vin en perce que celuy qui leur aura efté marqué & raifonné, fur peine de l'amende & confifcation dudit vin : fauf à leur diftraire leur boiffon, & de leur famille, laquelle diftraction fera faite par les Commis & Gardes, comme cy deuant a efté dit, ayant efgard au nombre de leur famille, ainfi qu'eft porté par les Arrefts fur ce donnez.

Par Arreft de la Cour des Aydes de Montpellier du 11. Iuin 1551. & 20. Mars 1610.

19. Et quant aux habitans de la ville du Puy, pays de Vellay, & du Geuaudan, attendu que la plufpart du vin qu'ils recueillẽt eft vert, ne le pouuant boire fans le mefler auec du meur, s'ils viennẽt à le vendre en detail apres l'auoir meflé, ils ne font

tenus de payer aucun droi&t d'Equiualent pour
raiſon dudi&t vin verd, ains pour le meur ſeulemēt,
moyēnant qu'auant faire ledit meſlange ils appel-
lent le fermier ou ſes Commis, pour le voir faire:
autrement ils ſont tenus de payer ledit droi&t pour
le tout ; & s'ils vendent ledi&t vin verd en gros, detail, ou menu ſans aucun meſlange, ils ne ſont tenus payer aucun droi&t: pourueu que ledi&t vin ſoit
du tout verd & eſtimé tel : mais aux lieux dudi&t
pays , où les proprietaires pourroient recueillir du
vin meur, qu'ils voudroiēt faire paſſer pour verd, en
ce cas on s'en remettra au dire d'experts.

Arreſt du
28. Nouembre
1603.

20. Et pour le regard de la boiſſon des hoſtes & reuendeurs deſdi&ts pays de Vellay, & Geuaudan; attendu que la pluſpart des perſonnes n'y boiuent de
vin, ains ſeulement de l'eau, & du ſuſdit vin verd,
il ne doit eſtre fai&te diſtra&tion pour la boiſſon de
chaſque famille, ou pour la lie en tout, que de la

Autre Arreſt
du 19. Auril
1614.

ſixieſme partie dudi&t vin vendu : De ſorte que des
ſix parts, il ne doit eſtre prins droi&t que ſur les
cinq, la ſixieſme partie demeurant franche à l'hoſte
ou reuendeur ; comme auſſi au lieu de Ville-fort,
pres ledit pays : enſemble aux lieux qui ſont eſcar-
tez des grands chemins, & villes où ne ſe fait grãd'
debite, pour euiter tout abus & fraude.

21. Quant à la trampe, aygade, ou demy-vin qui
ſe fait dans la tine, apres que le vin en a eſté tiré, elle peut eſtre venduë & reuenduë en gros, detail, &
menu ſans payer aucun droi&t d'Equiualent.

22. Et s'il aduenoit que parmi ladi&te trãpe on meſ-

lat du vin pur, ou que dans la tine il en reſtat quã-
tité, ſur laquelle on vint à mettre l'eau, le droict
de l'Equiualent doit eſtre payé pour raiſon du vin
pur meſlé auec ladicte aygade venduë en detail ou
par le menu, s'il n'eſt du creu; eſtant neceſſaire d'a-
peler le Commis dudit fermier pour ledit meſlange, autrement il y auroit de la fraude.

23. Tous hoſtes, hoſtelliers, paſticiers, cabaretiers,
& autres tenans aſſiette de beuueurs, & ayant penſionnaires, ſeront tenus pour iceux payer le droict
de l'Equiualent, auſſi bien que s'ils eſtoient gens
paſſagers : Car autrement il y pourroit auoir de
l'abus, en ce que lors que quelqu'vn ſejourneroit
dans vn logis certain tẽps; pour eſuiter tels droicts,
les hoſtes voudroient qualifier telles perſonnes,
penſionnaires, & non point hoſtes, ny paſſagers:
or ſi cela auoit lieu, le fermier demeureroit d'autãt
fruſtré de ſes droicts.

24. Il eſt permis à tous habitans du pays de Languedoc, de quelle qualité & condition qu'ils ſoiẽt,
horſmis aux hoſtes de tenir penſionnaires pour le
temps & terme d'vne annee, ſix, trois, ou vn mois,
& pour quinze iours du moins, les nourriſſans &
entretenans de leur vin, & propres denrees: ſans
payer aucun droict d'Equiualent.

25. S'il arriuoit qu'vn hoſte, paſticier, cabaretier,
reuendeur, ou autre tenant aſſiette de beuueurs,
eſtant à la fin de ſon trienne, à ſemblable temps &
iour que le dernier d'Aouſt, oſtat ſon bouchon,

voulant d'horſenauant tenir des penſionnaires, ou
prendre gens en ſeruice, il ne le pourra faire, que
ſix mois apres auoir quitté ſon logis: pour le dan-
ger qu'il y auroit que les paſſagers qui logeoiẽt ordinairement chez vn tel hoſte, n'eſtans pas encho-
res entierement deſacouſtumez, ne fuſſent pris &
tenus, pluſtoſt en qualité de vrais hoſtes, que de
penſionnaires, ou de gens en ſeruice, en quoy le
fermier de l'Equiualent demeureroit fruſtré de ſes
droicts.

26. La permiſſion de tenir penſiõnaires ſe doit en-
tendre tant ſeulement aux villes où les Cours de
Parlement, Chambre de l'Edict, Cour des Aydes,
Seneſchaux, Sieges Preſidiaux & Bailliages ſont
eſtablis, comme ſont Toloſe, Caſtres, Montpellier, Carcaſſonne, & autres ſemblables; Cõme auſſi
ez villes où le Gouuerneur de la Prouince fait ſa
reſidence pour la commodité des gens de ſa ſuitte;
& en celles là encor où Meſſieurs les gens des trois
Eſtats diſpenſateurs deſdits Equiualens tiennent
leurs aſſiſes. Pareil priuilege eſt auſſi concedé aux
villes frontieres, ou autres du reſſort, où il y a gens
de guerre en garniſon, ou bien des Commis des
Foraines, Doüanes, Gabelles, aux gages du Roy,
du pays, ou du Fermier general: auſquelles nous
pouuons encores adjouſter les villes qui ont des
Colleges erigez pour l'inſtruction de la ieuneſſe, &
d'autant que les perſonnes qui demeurent dans les
ſuſdictes villes en qualité de penſionnaires ſont
plaidans,

plaidans, soldats, commis, officiers ou escoliers, il
faut conclurre que autres que les dessusdicts ne
peuuent estre pris en pension, ny se qualifier pensionnaires en quelque part que ce soit ; & ce qui a
esté dict desdicts pensionnaires, soit pour leur qualité, ou pour le lieu, doit estre aussi entendu en
pareils termes, & à mesme rigueur de ceux que
l'on prend en seruice.

27. Ceux qui prendront gens en seruice, ne pourront bailler aucune sorte d'aliments à ceux qu'ils
auront chez eux en ceste qualité, soit pain, vin, ou
autres viandes & denrees du leur; ains leur feront
acheter leurs viures, qu'ils bailleront à mesme prix
qu'ils en auront payé, sans prendre aucun profit
dessus, ny salaire autre que celuy qu'il aura esté
conuenu pour le loüage de la chambre, & pour le
seruice.

28. Ne pourront non plus lesdictes persönnes pre-
nans en seruice, auoir ny tenir aucun vin en perce,
dans leur caue, maison, ny cellier durant qu'ils tiẽ-
dront gens en ceste qualité, sans payer le droict de
l'Equiualent ; n'estant nullement vray-semblable
qu'ils se voulussent incommoder d'aller querir du
vin horsde leur maison pour les gẽs qu'ils auroiẽt,
tandis qu'ils pourroient vẽdre le leur auec gain &
se descharger de la peine d'en aller querir ailleurs.

29. D'autant qu'il est permis à tous les habitans
dudict pays, de vendre le vin de leur creu en gros,
detail, ou par le menu, sans payer ledict droict d'E-

quiualent:pourueu qu'ils ne faſſent aſſiette de beuueurs ; & que ſur ce ſujet y pourroit auoir
de l'eſtrif: il faut ſçauoir que faire aſſiette de beuueurs, c'eſt tenir le lieu pour boire & receuoir les
beuueurs, côme font les cabaretiers, bailler & vē-
dre vin à toute ſorte de perſonnes, allans, venans,
paſſans & repaſſans: or faiſant en ceſte maniere, cela eſt ſubject au droict d'Equiüalent, mais vendant
à pot & pinte, c'eſt à dire verſant d'vn pot dans
l'autre, ſoit dedans ou dehors la maiſon, ſans donner à manger, ny à boire, ny receuoir aucune perſonne pour boire, comme les cabaretiers, alors il
n'eſt rien deu : Et d'autant qu'il arriue ſouuent
pluſieurs paſſans & repaſſans, pauures gens n'ayant
dequoy pour aller aux logis, leſdicts habitans peuuent bailler du vin à boire à telle ſorte de gens le
renuerſant dãs leur pot, bouteille, ou verre & leur
donner à boire au dehors de l'aſſiette de leur maiſon, car donnant à boire dans icelle, il y pourroit
auoir de l'abus, & à chaſque porte de maiſon il faudroit vn Commis pour ſe prendre garde deſdicts
abus. De ſorte que pour euiter tout ſoupçon, il
eſt de beſoin que cela ſe faſſe publiquemēt en pleine ruë au veu de tout le monde : & particulieremēt
il eſt inhibé & defendu aux habitans de la ville de
Toloſe, à peine de cinq cens liures d'amende, faire
boire le vin par eux vendu dans leurs maiſons, ca-
ues ny celliers par aſſemblees de perſonnes dans
icelles, ny autrement contreuenir aux inſtru-

Arreſt du 15.
May 1517.

Arreſt du 26.
Octobre 1556.

&ctions & Arrests de la Cour des Aydes.

30. Si quelqu'vn fait logis dans vne maison Noble, ou qu'il y reuende du vin en detail, ou par le
menu, il doit payer ledict droict de l'Equiualent,
sans que la Noblesse du lieu luy puisse attribuer
aucune exemption & immunité, veu que ce n'est
pas le lieu qui paye ; mais le vin que l'on y vend.

31.De mesmes le vin qui sera prouenu d'vne vigne
noble, s'il est vendu par le proprietaire,& apres re-
uendu en detail & menu par l'acheteur, il doit ledit
droict d'Equiualent: car on n'a point d'esgard d'où
est ce que ledict vin est prouenu ; ains seulement
s'il est du creu ou acheté.

32. Celuy qui aura affretté du fermier ou autre
ayant de luy charge, pour le vin qu'il pourra vendre & debiter dans la porte de son logis tant seulement, ne pourra aller vendre hors ledit logis, ny
tenir aucune assiette de beuueurs hors d'iceluy;
d'autant que sa permission ne s'estend point hors le
lieu où il faisoit sa demeure lors dudict affret.

33. Pareillement si vne personne a affretté du fermier pour faire logis en vn lieu, & apres vient à se
changer à vn meilleur, cela ne se pourra sans l'exprez congé & consentement dudit fermier : autrement l'hoste sera cõtraint payer pour tous les deux:
parce que quand vn fermier affrette à vn hoste, auãt
que de ce faire , il regarde le lieu, & l'endroit, auec
les commoditez & incommoditez que pourra receuoir ledit hoste à l'endroit où il est logé,eu es-

gard aufquelles le fermier affrette : mais venant à changer de logis il faut auffi changer de prix.

34. Si vn hofte a affretté pour tout le trienne fans aucune referuation, & apres remet fondit logis à vn autre, fon fucceffeur fera feul tenu au payement du droict d'Equiualent aux mefmes conditions qui auront efté accordees auec le premier hofte ; pourueu qu'ils foient égaux en moyens: car fi le premier hofte eftoit incómodé, n'ayant moyen de tenir fondit logis garni, ledit fermier lors dudit affret aura eu égard à fes incommoditez, mais en remettant iceluy logis à quelque autre plus aifé, & ayant de grandes commoditez, & qui au lieu d'hofte mineur & cabaretier, fe voulut rendre hofte majeur; en ce cas le nouueau hofte fuccedant au lieu & place du premier, fera tenu augmenter de prix, au dire d'experts, finon qu'il euft efté autrement conuenu auec le fermier auant qu'entrer audict logis.

35. Si les hoftes n'ont affretté que pour le vin feulement, ils ne peuuent tuer, vendre, ny debiter aucuns pourceaux, ny autres beftes fubjettes audict droict d'Equiualent, fans raifonner & payer ledict droict.

36. Les fermiers, leurs Commis, & Gardes peuuēt entrer dans la maifon des hoftes de Tolofe, & tous autres vendãs & reuendans vin ; comme auffi par tout ledict pays de Languedoc toutes les fois & quantes que bon leur femblera.

Arreft de la Cour des Aydes, du 21. May 1566.

37. Les Monnoyeurs du pays de Languedoc paye-

ront le droiᴄᵗ de l'Equiualent , nonobſtant toutes
exéptions & priuileges par eux pretendus, & principalement ceux de Toloſe : eſtant elair & manife-
ſte à vn chacun qu'il n'y a perſonne de quelle qualité & condition qu'il puiſſe eſtre dans ledit pays de
Languedoc , qui ſoit exempt de payer ledit droiᴄᵗ
d'Equiualent, faiſant eſtat de vendre & debiter les
denrees ſujettes audit droiᴄᵗ ; fors ſeulement les
lieux priuilegiez;auſſi tant le Conſeruateur du ſuſdit droiᴄᵗ,que le Seneſchal de Toloſe, auec la Cour
de Parlement & des Aydes, comme auſſi le Roy en
ſon Conſeil , auroient de tout temps condamné
leſdits Monnoyeurs à payer ledit droiᴄᵗ, comme il
appert par les Iugements & Arreſts contradiᴄᵗoi-
rement ſur ce dõnez entre les fermiers dudit droiᴄᵗ
de l'Equiualent, & leſdits Monnoyeurs.

Arreſt du Parlement de Tholoſe 30. Mars 1603. Arreſt de la Cour des Ay-des 9. Aouſt. 1603. Sentence du Seneſchal de Toloſe , Iuge Conſeruateur du 15. May 1604. confir-mee par Ar-reſt des Ay-des 2 Oᴄtobre 1604. Arreſt du Cõ-ſeil 8. Mars 1608.

38. Les Geoliers de toutes Geoles & priſons payeront le droiᴄᵗ de l'Equiualent , faiſant aſſiette de
beuueurs, auſſi biẽ que tous les autres hoſtes; ſauf
s'ils ont du vin de leur creu , & qu'ils tiennent les
priſonniers en qualité de penſionnaires; ou bien
n'ayant point du vin de leur creu, s'ils achetent le
vin pour leurs priſonniers,&le leur baillẽt pour le
prix qu'il leur couſte ; & ce faiſant ils ſeront cenſés
tenir leurs priſonniers en ſeruice,ſans qu'ils ſoient
tenus pour ce regard payer aucun droiᴄᵗ de l'Equiualent.

L 3

TAXE ET DISTRACTION

*de la lye des tonneaux, & de la boisson des ho-
stes, leurs femmes, enfans, valets, seruantes,
trauailleurs, & autres leurs domestiques.*

39. EN premier lieu sera faite distraction de la lye du vin vendu par lesdits hostes, hosteliers, cabaretiers, pasticiers, & tous autres tenans assiette de beuueurs, à raison de douze pechers pour chacun muy, mesure de Montpellier.

*Par Arrest de la Cour des Aydes de Montpellier, du 20. Mars 1610.
Par le susdict Arrest.*

40. Sera aussi distrait & deduit pour la boisson desdits hostes, leurs femmes, valets & seruantes, pour chacun d'eux, & pour chaque iour vn pecher, truquette, & demy truquette.

Par le susdict Arrest.

41. Pareillement sera distraict pour les enfans desdits hostes, fils, ou filles, pour chacun d'eux vne fueillette & demie truquette.

42. Les enfans sont appellez enfans, sçauoir les fils de sept ans iusques à quatorze, & les filles, de six ans iusques à douze; apres lequel temps ne sont plus appellez enfans, ains majeurs; & alors la distraction de leur boisson se fera à l'egal du pere & de la mere: que si les fermiers ne peuuēt estre d'accord de l'âge desdits enfans auec lesdits hostes, les parties en demeureront au dire d'experts dont elles s'accorderont.

43. Et parce qu'en plufieurs lieux les mefures du
vin font diuerfes, tant en nom qu'en contenance,
il faudra regler les autres lieux pour le regard de
cefte diftraction à la mefure de Montpellier, puis
que l'Arreft fufdit de la Cour des Aydes ne parle
point d'autre mefure que de celle-là. Or pour faire
cefte reduction, & égalifation de mefures, le plus
court fera de fe raporter au poids, comme nous
auons fait en la verification fuyuante ; en laquelle
pour la grande diuerfité des poids en ce Royaume,
les vns faifans la liure de dixhuict onces, les autres
de douze, quelques vns de quatorze, & d'autres
encores de vingt, nous auons fuiuy en noftre reduction & égalifation la plus commune, qui eft de
feize onces égales, & non à tombades. Et pour
autant que la diuerfité des vins peut apporter diuerfité de poids, & que par ce moyen il y pourroit
auoir de l'erreur en la reduction, nous auons en la
fufdite verification fait diftinction de trois fortes
de vin, c'eft à fçauoir, rouge, blanc, & clairet, ra-
portant le poids ordinaire d'vn chacun l'vn apres
l'autre, fuiuant lequel on fe pourra regler pour le
regard des fufdites diftractions. Et afin qu'on ne
penfe pas que ladite verification de poids ait efté
faite à la volee, & fans y apporter toute la diligen-
ce requife, Meffieurs les Viguiers, Confuls, &
Maiftres de la police de la ville de Montpellier en
l'année 1615. en la prefence & affiftance defquels a
efté procedé à ladicte verification, feront tefmoins

legitimes, & irreprochables de la formalité auec
laquelle on y a procedé.

VIN BLANC.

ET premierement la demy truquette peze   5.
     onces 3. tarnaux.

La truquette peze   10.onces 6.t.
La fulhette peze   1.liure 5.onces 5.t.
Le pescher peze   2. l. 11.onc.2. t.
Le Cestier contenant trente deux peschers   peze
     86. L 8. onc.
Le Muy contenant dixhuit cestiers peze 15.quin-
     tals 57. l.

VIN CLAIRET.

LA demy truquette peze   5.onces 4.tarn.
 La truquette peze   10.onces. 7.t.
La fulhette peze   1.liure 5.onces. 7.t.
Le pescher peze   2.l. 11.on.6.t.
Le cestier contenant 32. peschers peze   87.l.8.on.
Le Muy contenant dixhuict cestiers peze 15.q.75.l.

VIN ROVGE.

LA demy truquette peze   5.onces 5.t.
 La truquette peze   10.on.7.t.
La fulhette peze   1.liure 5.on.17.t.
                                                 •Le

Le pefcher peze   2.l.11.on.6.t.
Le ceftier contenant 32. pefchers peze 87.l.10.on.
Le muy contenant dixhuit ceftiers peze 15.q.77.l.
      4. onces.

44. Et d'autant que lefdits hoftes & autres vendans
vin font boire à leur famille la trampe ou arriere
vin quelque temps de l'annee, il ne doit eftre faite
aucune diftraction du vin qu'ils debiteront pendãt
ledit temps, pour le regard de ceux qui boiuent ladite trãpe ou arriere vin: mais pource qu'il y pourroit auoir de l'abus en cela , pour éuiter à toutes
difputes & debats , il faut faire reduction de trois
muids de ladite trampe à vn de vin, & à proportion:
& fur ce compte fe fera la diftractiõ de ladite boiffon, pourueu que ladite trampe foit raifonnee, afin
que les affaires demeurent plus clairs & fans aucun
debat ny difficulté.

45. Et fi par fois fe treuuent des hoftes ou d'ho-
fteffes, valets, ou autres de la famille qui ne boiuent point de vin , en ce cas ne fera rien rabatu
pour telles perfonnes.

INSTRVCTIONS CON-
tenans en quels cas la chair est sujecte au droict de l'Equiualent.

CHAP. XI.

1. **T**Outes chairs fraisches ou salees, tuées dedans ou dehors le Royaume, Prouince ou diocese, venduë tant en gros que menu, à poids ou sans poids, soit du creu ou non payera le droict d'Equiualent au lieu où la vente s'en fera.

2. Toute sorte de bestail vendu vif, ne doit aucun droict d'Equiualent: pourueu que dans le marché ne soit dit & conuenu par exprez entre les contractans que le prix de la beste se payera à raison de ce qu'elle pourra peser estant morte.

3. Ne pourront lesdits fermiers contraindre les Côsuls ou bouchers des villes & lieux à faire tuer, vendre ny debiter aucunes chairs, ny pour raison de ce prendre aucun dédommagement, soit enuers le pays, ou lesdits Consuls & bouchers: ains leur est loisible, si bon leur semble, d'en faire tuer, vendre & debiter eux mesmes à mesme prix que les autres, en cas qu'il n'y eust aucune boucherie establie, & que par lesdits Consuls ne fust pourueu, tât à les faire seruir à l'ordinaire & contentement du public, qu'autrement.

4. Et comme lesdits fermiers ne peuuent contraindre lesdits Consuls & bouchers de tuer, vendre, & debiter lesdites chairs : de mesmes les fermiers ne peuuent estre contraincts par lesdits Consuls & bouchers de ce faire, cela dependant de leur franche volonté; bien qu'il soit vray que en leur raisonnant & faisant peser & marquer lesdites chairs, lesdits fermiers n'ont droict d'empescher personne en la debite.

5. Le droict d'Equiualent pour raison desdites chairs se prend ordinairement à raison de trois deniers pour liure carnassiere, & pour chacune liure prime vn denier : or la liure carnassiere vaut trois liures primes, & la liure prime est celle dont on se sert à present les cent faisant le quintal : pour la carnassiere, elle n'est gueres en vsage qu'aux cartiers de Tolose & de Carcassonne.

6. Si vn laboureur, ou autre personne quelle que ce soit pour faire les cueillettes des fruits & semēces, achete des bœufs, vaches, moutons, brebis, chevres, pourceaux, & autres bestes sujettes audit droict d'Equiualent, moyēnant qu'il les employe en son mesnage n'est tenu d'en payer aucun droict.

7. Pareillement il est permis & loisible à toutes personnes pēdant les susdictes cueillettes & fruicts d'acheter & partager entre eux vn bœuf, vache, mouton, ou autre beste pour l'employer à leur mesnagerie sans rien payer; moyennant qu'ils ne soient plus grand nombre que de quatre : car audit

cas il y auroit de la fraude , & ledit droit seroit
deu.

8. Ne doit estre payé aucun droict d'Equiualent
pour raison des chairs employees pour fiançailles,
nopces, cantaiges, confrairies , & Messes nouuelles ; lors que ceux qui les font achetent eux mesmes, & font tuer le bestail.

9. Si les Consuls, ou autres administrateurs des
villes & communautez ne pouruoient prompte-
mēt à faire establir des boucheries ouuertes,& seruir par bouchers ; il est permis à toutes personnes
indifferemment de tuer, vendre , & debiter toutes
sortes de chairs , sans en pouuoir estre empeschez
par lesdits Consuls & communautez, apres auoir
prealablement raisonné & payé ledict droict au fermier : & ne pourront estre contraints de tuer tout
le long de l'annee; ains leur sera loisible de quitter
quand bon leur semblera , comme n'estant point à
ce obligez.

10. Et pour autant que toutes les affermes des boucheries finissent à Pasques, en temps maigre,& auquel bien difficilement se peuuent recouurer des
chairs, qu'à grand prix ; & que par consequent il y
a de la perte notable, tant pour lesdits fermiers de
l'Equiualent, que pour les bouchers, depuis les
Pasques iusques à la S. Iean, à raison de ladite di-
sette des chairs , qui fait qu'elles en sont d'autant
plus cheres, & que les bouchers pour raison de ce
ne fournissent point & n'en debitent que le moins

qu'il se peut, pour rendre la perte tant plus petite,
faisans malicieusement accroire qu'ils ne treuuent
point des chairs, biē qu'il y en aye à suffisance, s'ils
y vouloient employer l'argent, en quoy lesdits fermiers de l'Equiualent demeurent notablement le-
sez. Pour satisfaire donques & recompenser ceste
perte & lesion ausdits fermiers, il leur doit estre
permis de tuer, vendre, & debiter des chairs, apres
la S. Iean, au mesme prix que les autres bouchers, &
à proportion du temps de leur perte, afin que l'vn
soit desdommagé par l'autre; si mieux lesdits Consuls, communautez ou fermiers desdites boucheries n'ayment desdommager lesdits fermiers de l'E-
quiualent de la susdite perte, au dire d'experts.

11. Ledit fermier doit tenir vn commis ausdites
boucheries pour peser les chairs, non seulement le
matin & le soir : mais aussi à toutes autres heures
que par lesdits bouchers en sera requis ; apres laquelle requisition faite audit fermier ou son Commis de venir en ladite boucherie, peser, & marquer
les chairs, ledit boucher pourra faire peser lesdites
chairs à deux hommes voisins non suspects, au raport desquels sera payé le droict de l'Equiualent.

12. Tous chacuns les bouchers seront tenus tuer
leurdit bestail, tāt gros que menu, dans les escor-
choirs ordinaires, & destinez à cet effect ; sur peine de confiscation dudit bestail, & de l'amende, &
auant estre exposé en vēte, sera verifié & raisonné par le fermier ou ses Commis.

M 3

13. Serōt tenus lefdits fermiers de prendre les Marques & Contremarques des Confuls ou Officiers des villes & communautez, pour marquer lefdites chairs, & en cas ils ne leur en bailleront point, ils les pourront faire faire à leur volonté, fans qu'ils en puiffent eftre repris.

14. Il eft permis à toutes perfonnes d'aller acheter de la chair hors le lieu de leurs domiciles, pour leur prouifion & mefnage tant feulement, fans payer aucun droict d'Equiualent: pourueu que ledit droict fe paye au lieu où ladite chair aura efté achetee: autrement le droict en fera payé au fermier du lieu, où ladite chair fera mangee.

15. S'il arriue que fur la nuict pour caufe neceffaire, comme pour furuenir à vn malade, l'on vueille vn membre de mouton, & qu'il n'y en aye point de marqué & pefé, & qu'à caufe de l'heure induë & extraordinaire on n'en puiffe aduertir le fermier, ou fon commis, il eft permis audit boucher de couper vn membre dudit mouton, fans pour cela encourir aucune peine: moyennant qu'on en aduertiffe le lendemain ledit fermier, & qu'on luy exhibe tout le reftant dudit mouton, pour le pefer, & payer le droict du mouton entier à proportion de ce que fe treuueront pefer les trois quartiers reftans.

16. Toute chair morte mife en pieces expofee, ou non expofee en vente par les bouchers & reuendeurs eft fujette à l'amende & confifcation: parce qu'auant mettre ladicte chair en pieces, faut appel-

ler le fermier ou son commis, pour icelle marquer
& peser.

17. Toute sorte d'oiseaux, volaille & autres ani-
maux de plume, pourueu qu'ils ne soient salez, ne
doiuent aucun droict d'Equiualent.

18. Les testes, andoüilles, & autres menudailles
des bestes ne doiuent aussi aucun droict d'Equiualent; pourueu qu'elles ne soient venduës à poids,
estant defendu aux bouchers de ce faire, sur peine
de l'amende.

19. Pour les cheureaux qui seront tuez par les maisons particulieres, pour estre mangez en icelles, il
n'est aussi deu aucun droict d'Equiualent.

Arrest du 6.
Septem. 1569.
Autre Arrest
du 6. Septëbre
1590.
Arrest du
dernier Iuil-
let 1579.
Autre Arrest
du 15. Sept.
1580.

20. Et si lesdits cheureaux sont tuez par les bouchers, mangonniers & autres reuendeurs pour les
reuendre, il en sera payé droict d'Equiualent, sinō
que lesdits sieurs gens des Estats dudit pays de Lā-
guedoc les en voulussent exempter par exprés, ce
qui ne seroit pourtant raisonnable.

21. Et quand aux agneaux, ores il soit deffendu
d'en tuer sur peine de confiscation, & de l'amende;
si toutesfois il se rencontre qu'on en tuë hors des
maisons particulieres, soit aux boucheries ou ailleurs pour estre reuendus, ils seront sujets au susdit droict d'Equiualent: car autrement le fermier
empecheroit de ce faire.

Par le susdict
Arrest.

22. Et parce qu'en la ville de Tolose à cause de la
quantité de bestail qui se debite en icelle; il se cō-
met plusieurs abus, ne pouuans les Commis se

prendre garde exactement des beftes qui fe tuent,
à caufe de la grande quantité & diuerfité d'efcorchoirs, il a efté enjoinct aux Capitouls de ladicte
ville, de faire tenir aux bouchers deux efcorchoirs
fans plus, pour tout le baftail, tant gros que menu, auec deffenfes de tuer ailleurs, fur peine de l'a-
mende & confifcation dudict beftail. Eftant auffi
enjoinct aux Commis dudit fermier fe tenir aufdits
efcorcheurs, matin & foir, à heure certaine qu'on
leur affignera pour pefer & marquer.

Par Arreſt du 21. Iuin 1560.

Autre Arreſt du 8. Ianuier 1571.

Par Arreſt de la Cour de Par-lement de To-loſe, du 26. Mars 1525.

23. Les Gardes de l'Equiualent de la ville de Tolofe, & tous autres lieux dudit pays de Languedoc
tiendront bons comptes & regiftres des chairs vê-
duës & debitees par les bouchers des boucheries
dudit Tolofe & autres lieux; auec inhibitions &
deffences aufdits bouchers, fur peine de cinq cens
liures d'amêde, mettre ny expofer en vête aucunes
beftes mortes ny infectes, fans auoir efté tuées &
efcorchees aufdits efcorchoirs ordinaires, & principalement par exprés en ladite ville de Tolofe.

24. Les viures fournis à gens de guerre, paffans &
repaffans par eftappes par commandement du Roy,
du fieur Gouuerneur de la Prouince, ou des diocefes & communautez, aux defpens defdites communautez, ne doiuent aucun droict d'Equiualent,
non plus que lors que lefdits gens de guerre font
en garnifon aux defpens defdites diocefes : parce
que ledict droict d'Equiualent eftant affermé par
icelles, il n'eft point raifonnable que ledict droict
foit exigé fur elles mefmes.

25. Quand

25. Quant au lard employé par les pasticiers, &
les chairs dont ils font les sauciſſes, comme auſſi
les langues, oreilles, & coſtes de pourceaux, tout
cela ne doit aucun droict d'Equiualent.

Arreſt du 20.
Feurier 1509.

EN QVELS CAS LE POIS-
ſon eſt ſujet au droict de l'Equiualent.

CHAP. XI.

Out poiſſon frais & ſallé, de toutes eaux,
douces ou ſallees, venant à eſtre vendu,
payera le droict de l'Equiualent, & ce de
dix liures en haut ; & de dix liures en bas, ne doit
rien, ſoit qu'il ſoit vendu par le peſcheur, premier
vendeur, ou par les hoſtes, ou autres perſonnes
quelles que ce ſoit, leſquels achetant ou vendant
en la meſme quantité de dix liures, & au deſſous
comme dict eſt, ſeront exempts de ce droict.

2. Et d'autāt que pour frauder leſdits droicts, le plus
ſouuent s'aſſemblent quatre ou cinq peſcheurs de
compagnie, leſquels ayant prins vne grande quantité de poiſſon, le partagent entre eux ; ſi bien qu'il
n'en reſte que dix liures à chacun, lequel ils appor-
tent ſeparement au marché, en ce cas eſtant verifié
que ledit poiſſon a eſté pris à meſme temps en plus
grande quantité, il eſt ſujet au droict d'Equiualent,
& à l'amende, pour la fraude ; ce qui a lieu auſſi

N

quand il demeure verifié que lesdits pescheurs, ou l'vn d'iceux , ayent pris plus grande quantité de poisson que de dix liures , & qu'ils ayent caché le reste pour le vendre à vne autre fois.

3. Et si le poisson a esté pesé lors de la declaration, & que les barils ayent esté marquez : en ce cas le marchand du poisson le pourra transporter & vendre par tout où bon luy semblera : mais si le transport, ou la vente s'en fait auant que le tout soit, il y eschet confiscation , & le vendeur doit estre condamné en l'amende pour la fraude: car la simple declaratiõ, comme faite en gros & en general, n'est suffisante pour en consequence d'icelle faire aucune vente ; ains outre & par dessus tout cela, faut de necessité pour bien raisonner que le tout soit veu pesé , & marqué , si mieux l'on n'ayme composer auec le fermier.

4. Vn poissonnier apportant son poisson en vn lieu pour le vendre, & l'ayant fait peser,& payé le droict au fermier ou son Commis, s'il ne peut puis apres vendre sondict poisson,& qu'il le vueille transporter ailleurs, ledit fermier est tenu luy repeser sondit poisson , & luy rendre l'argent qu'il en aura receu, à proportiõ de ce que ledit poissonnier n'aura peu debiter audit lieu.

5. Vente de poisson n'est point estimee telle, non plus que d'autres marchandises si la deliurãce n'en est faite ; & qu'il ait esté desplacé : & lors qu'vn marchand fait vente de poisson, ou des autres mar-

chandifes fujettes audit droict d'Equiualent, le fufdict droict n'eft point deu lors de la vente, ains feulement lors de la deliurance & au lieu, où icelle fe fait.

Par Arreft de la Cour des Aydes du 26. Auril 1572.

6. Les pefcheurs vendant leur poiffon fur le bord de la mer, ou de l'eftang, en gros, ou en detail, ne doiuent rien de cefte premiere vente : mais bien s'ils le portent aux marchez & poiffonneries publiques des villes & lieux pour les y vendre.

7. Toutes perfonnes portans poiffon à vendre, excedant le poids de dix liures, font tenus l'apporter à la poiffonnerie où il fe vend ordinairement, & non ailleurs ; foit aux logis ou maifons priuees, fur peine de l'amende, & de confifcation dudit poif-fon.

8. Les huiftres, mufcles, bigours, tenilhes, crans, efcreuiffes, juel, caramothes, & cauquilles, ne doiuent aucun droict d'Equiualent, fuiuant l'ancien ordre.

9. Le poiffon falé qui fe vendra, ou baillera en efchange auec d'autre marchandife, en gros, par quintal, demy quintal, cent, demy cent, quarteron, & demy quarteron, ne payera qu'à raifon de trois fols neuf deniers pour quintal, que fi puis apres ledit poiffon ainfi pris en gros, fe reuend en detail, alors le reuendeur fera tenu de parfaire le furplus de l'entier droict de cinq fols pour quintal, qui eft ordinairement deu, & ledit furplus reuiendra à quinze deniers pour quintal.

10. De toute forte de poiffon vendu en detail, fe
doit payer cinq fols pour quintal, fauf des clauiers
& melette fraifche & falee, qui ne paye que la moitié moins, à fçauoir deux fols fix deniers pour
quintal.

11. Pour chafque barrille de fardes ou anchoyes
du poids de trente liures fera payé douze deniers,
tant de bois, eau, poiffon, que fel, & pefant plus ou
moins fera payé ou rabatu à raifon de deux deniers
de cinq en cinq liures.

12. Pour les barrils de harencs blancs, tant pour le
bois, poiffon, eau, que fel, fera payé à raifon de
cinq fols pour quintal : fauf à rabattre pour le bois,
eau ou fel, dix liures fur chaque quintal.

13. Et pour efuiter tout dol & fraude, toutes les
fois que le fermier ou fon Commis peferont du
poiffon, ou marqueront des barrils, ou autres chofes, ils font tenus de l'enregiftrer dans leur liure,
& d'en bailler vn extraict au vendeur, fans luy en
faire rien payer s'ils en font requis.

14. Toutes les chofes fujettes au payement dudit
droict d'Equiualent, venduës & reuenduës en vn
mefme lieu, ne payeront qu'vne feule fois ledict
droict.

FORME
DE PROCEDER
DEVANT LES IVGES
de l'Equiualent.

D'AVTANT que tout reglement presuppose de l'obseruation de la part de ceux à qui il est prescrit & baillé, & en cas de contreuention à iceluy de là punition à l'encontre des delinquās, apres auoir traité ce qui concernoit le train de la Iustice de ce droiƈt, & fait voir en quels cas les denrees sur lesquelles se prend ordinairement le susdit droiƈt de l'Equiualent sont sujettes, ou non sujettes à ceste imposition ; reste maintenant à monstrer la forme auec laquelle on a de coustume de proceder contre ceux qui sont treuuez frauder ledit droiƈt, en quelqu'vne des susdites denrees; ce qui pourra seruir, tant pour l'instruƈtiō des particuliers fermiers & leurs Commis, és causes qu'ils auront à intenter

N 3

contre les tranſgreſſeurs des reglemens, inſtructiõs du pays, Arreſts de la Cour des Aydes, que autres anciens ordres, comme auſſi pour les praticiẽs, qui ne ſont pas ordinairement ſi bien verſez en ceſte ſorte de procedures, qu'en pluſieurs autres, qui leur ſont beaucoup plus communes & familieres: noſtre intention n'ayant iamais eſté autre en dreſſant ceſt œuure, que de ſeruir au public en l'eſclairciſſemént de ce droict, la cognoiſſance duquel a demeuré iuſques icy plus incognuë qu'il n'euſt eſté beſoin pour le profit de ce pays. Et pour autant que ceſte forme de proceder, contient diuers chefs, i'ay treuué bon de la diuiſer par nombres, comme cy deſſus aux precedents chapitres pour plus grande commodité, & éuiter toute confuſion.

DE LA FORME DE PROceder contre ceux qui ſont treuuez frauder ledict droict d'Equiualent.

CHAP. XII.

Par Edict du Roy, donné à Pontoiſe le 8. Septembre 1463.

1. SI quelqu'vn ſe treuue auoir fraudé le droict d'Equiualent, les fermiers les pourront actionner en premiere inſtance pardeuant le Iuge Conſeruateur, d'où ils reſſorti-

ront & par appel en la Cour des Aydes, auec inhibitions & deffences à tous autres Iuges de quelle
iuridiction qu'ils reſſortiſſent prendre Cour, iuridiction, ny cognoiſſance des Equiualents, excepté leſdits Iuges Conſeruateurs d'iceluy droict.

2. Ne pourront les Greffiers deſdits Iuges Conſeruateurs expedier aucuns actes de Iuſtice, qui ne
ſoient ſignez par leſdits Iuges, ſur peine de
faux.

Pour Arreſt
de la Cour des
Aydes de
Montpellier.

3. Les Officiers Royaux ordinaires, ou Conſuls
des lieux ayant iuridiction, prēnent le plus ſouuēt
cognoiſſance des affaires dudit Equiualent, auſſi à
la verité il ſemble cela eſtre fort raiſonnable, parce
que la plus part des parties ſont eſloignees deſdits
Iuges Conſeruateurs, tellement que s'agiſſant de
fort peu de choſe, les frais des pourſuittes monte-
roiēt quatre fois plus que le principal : c'eſt pour-
quoy les gens des trois eſtats dudit pays prohibent
expreſſement par les articles & reglements qu'ils
font, de ſe retirer ailleurs, que par deuant les Iuges
ordinaires des lieux : toutesfois ſi ſur les lieux y a
de Iuges Conſeruateurs eſtablis, on ſe doit dreſſer
à eux directement, & priuatiuement à tous autres:
mais n'y en ayant point, on ſe doit retirer pardeuant les Iuges ordinaires des lieux, comme a eſté
dit, pourueu que les parties ne declinent pardeuāt
ledit Iuge Conſeruateur des Equiualents, deuant
lequel ſe faut preſenter, obeyr & deffendre : mais
parties appreuuant la iuridiction, il n'y a de l'inte-

Par Arreſt de
la Cour des
Aydes de
Montpellier,
du 8. Iuillet
1603.

reſt que dudit Iuge Conſeruateur, parce que tous
Iuges ſont competans en premiere inſtance, ſauf
l'oppoſition ſur la forme de non proceder, alleguee
par vne des parties, auquel cas le Iuge ſe deſpartira
de l'inſtance, & n'empechera que les parties ne ſe
pouruoient comme bon leur ſemblera.

4. Eſt enjoint auſdits Iuges Conſeruateurs, & autres traicter les affaires de l'Equiualent ſommaire-
ment, & non auec la longueur ordinaire, & les
formalitez accouſtumees és autres Cours; le tout
conformement aux Ediċts du Roy, & Arreſts ſur
ce donnez par la Cour des Aydes de Montpellier;
ce qui a eſté ainſi inſtitué, & eſtably pour l'acceleration des deniers & finances du Roy, & pour éuiter
toute confuſion en la Iuſtice, au plus grand ſoulagement du peuple.

Par Ediċt &
declaration du
Roy Henry à
S. Germain en
Laye, le 21.
Decembre
1584.

5. D'autant que ſur les rapports, & verbaux des
Commis, ſont faites & inſtruites les procedures
contre les delinquans, pour valider leſdits verbaux, eſt neceſſaire que les Commis deſdits fermiers ſoient du commencement de leur charge ap-
preuuez, & preſtent le ſerment requis entre les
mains des Iuges Conſeruateurs, Officiers Royaux,
Conſuls ou autres ayans droiċt de le receuoir, auquel cas foy ſera adjouſtee à leurs verbaux, leſquels
ils remettront deuers le Greffe deſdits Conſeruateurs, & feront aſſigner les parties pour venir de-
fendre auſdits verbaux, ou requiſitions du fermier;
& pourra ledit Iuge ouyr la partie defendereſſe par
ſerment,

ferment, & sur la negatiue admettre le fermier à
verifier le contenu ausdits verbaux par les Commis
qui les auront dreſſez, & autres aſſiſtans ſi point y
en a non ſuſpects ausdites parties : & apres que le
Iuge au moyen de ladite verification ſera ample-
ment informé de tout, il pourra donner ſon ordonnance de condamnation ou relaxe, ſuiuant l'e-
xigence du cas.

6. Ne pourront leſdits fermiers, ou leurs Commis, pour ſimple fraude pourſuiure criminellemēt
les parties, pour raiſon d'icelle, ains ciuilement,
ſinon qu'il y eut larcin, injures verbales, ou reelles,
ou quelque autre ſorte d'excez.

7. Et auenant que par ſentence on declare quelque amende ou confiſcation, contre ceux qui
ſeront trouuez auoir fraudé le droict de l'Equiualent, elle doit venir au profit du fermier, commē
luy appartenant; auſſi s'il ſe treuue en perte, il n'en
peut pretendre aucun recours ny deſdommagemēt
contre le Roy ny le pays : ains la doit porter en ſon
particulier.

8. S'il arriue quelque different de fermier à fermier,
l'affaire ne ſe pourra traicter ailleurs qu'en la Cour
des Aydes, & ſi c'eſt de ſoubs-fermier à ſoubs-fermier, cela ſe traictera pardeuant les Iuges Conſeruateurs, de meſmes entre fermier & ſoubs-fermier
en premiere inſtance, & par appel en la Cour des
Aydes.

9. Vn fermier eſtant à la fin de ſon afferme, & ſe

treuuant auoir prins & receu plusieurs sommes de
deniers de certaines denrees & marchandises sujettes audit droict, & icelles n'auoir esté venduës &
debitees dans le teps de ladite afferme, il sera tenu
rendre l'argent qu'il aura pris, à proportion de ce
qui n'aura pas esté debité: & le fermier nouueau
entrant en charge, ne sera tenu exempter aucunes
marchandises ny denrees se treuuant en nature &
n'auoir esté debitees, ores lesdites marchandises
ayent esté venduës auant l'entree de ladite afferme,
pour n'auoir esté deliuree, parce que le payement
de l'Equiualent ne se prend lors de la vente, mais
lors de la deliurance, & non autrement.

Par Arrest de la Cour des Aydes de Montpellier, du 20. Iuillet 1599.

10. Tous fermiers ou soubs-fermiers, seront tenus establir des Commis aux villes & lieux de leurs
affermes, & iceux presenter aux Iuges Conseruateurs, Consuls, ou officiers desdits lieux, pour les
faire receuoir & prester le sermēt en tel cas requis,
gens de bien, & sans reproche; n'estāt parens desdits fermiers, & n'ayant aucune part, ny portion
ausdites affermes; & moyennant ce, foy sera ajou-
stee à leurs rapports.

11. Si lesdits fermiers pourfuiuent induement les
bouchers, hostes, poissonniers, & autres personnes, ils doiuent estre condamnez en l'amende, &
aux despens.

12. Comme aussi si lesdits fermiers, ou leurs Cō-
mis, exigent plus que de la taxe ordinaire, ou sur
de choses qui ne doiuent rien, ils doiuent estre

condamnez non seulement à rendre ce qu'ils ont
induement prins ; mais aussi en l'amende.

13. La taxe de toutes marchandises, soit chair, vin,
ou poisson sujet au droict de l'Equiualēt appartiēt
directement & priuatiuement à tous autres, à Messieurs les gens des trois Estats dudit pays , comme
en estans les vrais & naturels dispēsateurs. Et pour
ce qui regarde les differents à decider, la cognoissance en appartient en premiere instance, comme
dict est, aux Iuges Conseruateurs desdits Equiualents , & en dernier ressort à la Cour des Aydes.

14. Seront tenus les fermiers, ou leurs Commis,
de bailler quittances à mesure qu'ils prendront
payement des quartiers dudit droict , sans rien
prendre pour le droict de quitance.

15. Pareillement sont aussi tenus lesdits fermiers, ou leurs Commis pour le payement desdits droicts, prendre toute sorte de monnoye, ayāt
cours & mise en se Royaume, sans aucune difficulté.

16. Ceux qui ont sous affermé ou affretté , sont
tenus de porter les deniers du quartier audit fermier, huict iours apres le quartier escheu ; autrement à faute de ce faire ledit fermier les y peut cō-
traindre, non point par gast , & garnison à leurs
despens, comme on auoit accoustumé : ains seulement par contraincte du Iuge Conseruateur, vsant
de saisies , inquantation, & reelle deliurance de

leurs biens à linquant public, & par commandement d'arreſt & empriſonnement de leurs perſonnes, contre ceux qui s'y treuuent obligez, ou que
d'ailleurs la ſomme deuë ſoit liquidee, comme l'on
a accouſtumé faire pour les propres affaires & deniers du Roy, & en cas de deſobeyſſance audit
commandement d'arreſt, on vſe de gaſt & garniſon à leurs deſpens, attendu la rigueur, priuilege,
& celerité des deniers.

17. Auſſi lors que leſdits quartiers ſeront eſcheus,
& que les ſommes deuës ſeront apportees par les
debiteurs dudit droit, les fermiers ſeront tenus de
les prendre, ou en leur abſence laiſſer perſonne
deüement fondé de charge pour ce faire en leurs
domiciles, & expedier promptement les parties. Et
parce que le plus ſouuent leſdits fermiers, ou leurs
Commis, ſe tiennent cachez induſtrieuſemēt, pour
auoir moyen de conſumer leurs parties en frais : il
eſt permis auſdits ſoubs-fermiers, ou autres ayant
affretté, s'ils ne treuuent perſonne à la maiſon du
fermier, ou autre lieu deſtiné pour faire la recepte,
en portant le quartier, de faire faire acte par main
publique de l'exhibition des deniers par eux portez à la perſonne ou domicile dudit fermier ou
ſon Commis, les ſommant & requerant de les prē-
dre, & leur fournir de quitances ; & en cas de refus, les depoſer entre les mains de perſonne ſolua-
ble ; au preiudice duquel depos, ils ne pourront
plus eſtre recherchez ny moleſtez, ains ſera tenu

ledit fermier de precompter sur ledit quartier les
frais de la reception & expedition dudit acte, comme aduenu par sa faute & coulpe.

18. Dauantage sont tenus lesdits fermiers ou
leurs Commis, de tenir bon regiftre de tout ce
qu'ils receuront, aux fins que en cas que leurs quitances viendroient à s'esgarer on y puisse auoir
recours.

19. Et d'autant que lesdits droicts doiuent estre
portez audit fermier au iour prefix, porté par les
contracts sur ce passez, ledit delay ne peut estre
prolongé; non plus que le fermier ne peut contraindre les debiteurs à luy auancer le payement
dudit droict. Et ne peuuent aussi lesdits debiteurs
depofer l'argēt du quartier escheu, qu'en refus desdits fermiers de le receuoir, comme a esté dit cy
deffus, autrement lesdits fermiers nonobstant le
depos pourront contraindre lesdits debiteurs par
les voyes & rigueurs cy deffus deduites, attendu
que ce font de deniers qu'il ne faut point cōfigner
entre les mains de tierce perfonne, ainsi du fermier
principal qui les doit promptement porter en la recepte generalle, ce qu'il ne pourroit faire s'il les
faloit retirer des mains des depofitaires, qui ne s'en
voudroiēt deffaifir fans cognoiffance de caufe, parties ouyes, & ordonnance de Iustice.

20. Le jour prefix du contract d'vn hofte, ou autres foubs-fermiers, s'appelle huict iours apres le
quartier escheu. Ils ne feront tenus porter ledit

Deliberation
des Eftats de
l'annee 1614.

quartier, que les huiſt iours apres ledit terme d'i-
ceux ne ſoit expiré.

21. Et en cas que par ſentence des Iuges, les debiteurs dudit droiſt, ſoiēt condamnez au payemēt
d'icelles, & que deſdites ſentences y aye appel en
la Cour des Aydes, bien qu'és affaires qui ſont de
ſa cognoiſſance, les apellations ayent effeſt ſuſpē-
ſif & deuolutif, ſi eſt ce que nonobſtant leſdites
appellations, & ſans preiudice d'icelles, il peut
eſtre paſſé outre à l'execution deſdites ſentences
pource qui regarde le payement dudit droiſt, attendu qu'il s'agiſt des deniers du Roy, qui ne peuuent eſtre retardez, & que meſmes par la clauſe ac-
couſtumee d'eſtre miſe en toutes lettres d'appel, il
eſt touſiours reſerué de ne preiudicier à la leuee
deſdits deniers.

22. Si vne perſonne ayant affretté pour tout le triē-
ne ou moindre temps à tenir logis ou autrement, &
qu'apres par faute de maiſon, ou de moyens, il ne
puiſſe faire logis, ny iouyr de l'effeſt de ſon affret,
il ne ſera pas moins tenu de payer ce à quoy il ſera
obligé, veu que le deſſaut ne procedera point du
coſté du fermier, ains de luy qui deuoit mieux aui-
ſer ſon faiſt auant que s'obliger, joint que s'agiſſant de l'intereſt du Roy, & de la conſeruation de
ſes deniers, on ne peut eſtre releué contre telles
obligations, leſquelles eſtant du commencement
volontaires, ſont apres neceſſaires iuſques à l'entiere obſeruation d'icelles.

23. Si vn soubs-fermier est obligé enuers vn fermier principal de bailler plus amples cautions dans certain temps, que celles qu'il aura baillées lors de la passation de son contract, il luy est permis & loisible de faire receuoir lesdites nouuelles cautions par deuant Magistrat Royal, sans le sceu & consentement dudit fermier, ny sans le faire appeller, parce que cela depend de la prudence de celuy qui receura lesdites cautions, & qui de droict est tenu de respondre subsidierement de la soluabilité d'icelles.

Par Arrest de la Cour des Aydes du 14. Septembre 1612.

24. Si vn debiteur dudit droict d'Equiualent, sur la demande qui luy en sera faite en Iustice, allegue payement, & ne le verifie point par actes, il ne doit estre admis le verifier par tesmoins, nonobstant qu'il ne s'agisse de chose excedant cent liures, attendu le priuilege & importance des deniers du Roy, ou droicts publics, dont est question, suiuãt les Arrests de la Cour des Aydes sur ce donnez.

25. Le droict d'Equiualent s'exigera en la ville de Narbonne, comme en tous les autres lieux du pays de Languedoc, lequel droict est distraict de l'afferme generalle dudit pays, à cause qu'ils sont chargez de garder leur ville & enclos d'icelle, à laquelle garde les deniers dudit Equiualent seront employez, & non ailleurs, & tout le reste dudit diocese de Narbonne s'arrêtera comme les autres dioceses, au profit dudit pays, sans preiudice des pretensions que ledit pays a sur le droict du corps de ladite ville.

Par lettres patentes du Roy, donnees à Mulan, le 15. Septembre 1573.

26. Dans les villes de S. André, & Villeneufue lez
Auignon, ne sera payé aucun droict d'Equiualēt,
estans les habitans d'icelles villes francs d'iceluy
droict, comme aussi de toutes autres charges, tant
reelles que personnelles.

27. Les habitans de la Cité de Carcassonne, ensemble de la Triballe, Tours & terroirs de Cabar-
dés, tenus & sujets à la garde desdites places, sont
exempts dudit Equiualent, ensemble de toutes
autres charges : & arriuant vn marchand estranger
ausdicts lieux, portant marchandise sujette audict
droict, vendant icelle à autre marchand estranger,
sera tenu payer le droict de l'Equiualent au fermier
du diocese, comme achapt & vente faite par estrangers, où les habitans priuilegiez n'ont aucun in-
terest.

Distraction

des hostes , hostesses , valets , seruantes , & autres domestiques de leurs maisons , à raison d'vn pecher , truquette & demy truquette par iour pour chacun d'iceux.

POVR VN IOVR.

1 Ersonne. 1 pecher, 1 truquette, demy truque.
2 personnes   2 p. 1 fulhette 1 t. d. t.
3. personnes   4. p. d. t.
4 personnes   5 p. 1 f. d. t.
5 personnes   6 p. 1 f. 1 t. d. turquette.
6 personnes   8 p. 1 t.
7 personnes   9 p. 1 f. 1 t. d. t.
8 personnes   11 p.
9 personnes   12 p. 1 t. d. t.
10 personnes   13. p. 1 f. 1 t.
15 personnes   20 p. 1 f. d. t.
20 personnes   27 p. 1. t.
25 personnes   34 p. d. t.

POVR HVICT IOVRS.

1 personne   11. pecher
2 personnes   22. p.
3 personnes   33 p.
4 personnes   44 p.
5 personnes   55 p.
6 personnes   66 p.
7 personnes   77 p.
8 personnes   88 p.
9 personnes   99 p.
10 personnes   110 p.
15 personnes   165 p.
20 personnes   220 p.
25 personnes   275 p.

DISTRACTION DE LA
boisson des hostes.

POVR QVINZE IOVRS.

1 personne	20 pechers 1 fulhete, demy truquette.
2 personnes	41 p. 1 t.
3 personnes	61 p. 1 f. 1 t. d. t.
4 personnes	80 p. 1 f.
5 personnes	103 p. d. t.
6 personnes	124 p. 1 f. 1 t. d. t.
7 personnes	143 p. 1 f. 1 t.
8 personnes	165 p. d. t.
9 personnes	186 p.
10 personnes	206 p. 1 f. d. t.
15 personnes	309 p. 1. t. d. t.
20 personnes	412 p. 1 t d. t.
25 personnes	515 p. 1 t.

POVR VN MOIS.

1 personne	41 p. 1 t.
2 personnes	82 p. 1 f.
3 personnes	123 p. 1 f.
4 personnes	164 p. 1 f. 1 t.
5 personnes	215 p. 1 f.
6 personnes	257 p.
7 personnes	298 p.
8 personnes	339 p. 1 f. 1 t.
9 personnes	380 p.
10 personnes	420 p.
15 personnes	461 p. 1 t.
20 personnes	504 p 1 f.
25 personnes	545 p. 1 f. 1 t.

DISTRACTION DE LA
boiſſon des hoſtes.

POVR TROIS MOIS.

1 perſonne	123 pechers. 1 fulhete. 1 truquette.
2 perſonnes	244 p. 1 f.
3 perſonnes	370 p. 1 t.
4 perſonnes	494 p.
5 perſonnes	617 p. 1 f. 1 t.
6 perſonnes	741 p. 1 f.
7 perſonnes	865 p. 1. t.
8 perſonnes	989 p.
9 perſonnes	1112 p. 1 f. 1 t.
10 perſonnes	1236 p. 1 f.
15 perſonnes	1854 p. 1 t.
20 perſonnes	2472 p.
25 perſonnes	3089 p. 1 f. 1 t.

DISTRACTION DE LA
boiſſon des enfans des hoſtes, fils ou filles, à raiſon d'vne fulhette, & demi truquette par iour pour chacun d'eux.

POVR VN IOVR

1 Enfant	1 fulhette d. tr.	5 enfans	3 p. demy tr.
2 enfans	1 pecher 1. t.	6 enfans	3 p. 1 f. 1 t.
3 enfans	1 p. 1 f. 1 t. d. t.	7 enfans	4 p. 1 t. d. t.
4 enfans	2 p. 1 f.	8 enfans	5 p. d. t.

9 enfans   5 p. 1 f. d.t.   20 enfans   187 p.1.f.
10 enfans   5 p.1 f.1. t.   25 enfans   234 p.1 t.d.t.
15 enfans   7. p.d.t.
20 enfans   9 p.1 f.d t.   *Pour vn mois.*
25 enfans   12 p.1.t.d.t.

1 enfant	18 p.1f.1t.
2 enfanns	37 p.1f.
3 enfans	56, p.1t.
4 enfans	75 p.
5 enfans	93 p.1f.1 t.
6 enfans	112 p.1f.
7 enfans	131 p.1 t.
8 enfans	150 p.
9 enfans	168 p.1f.1 t.
10 enfans	187 p.1f.
15 enfans	180 p.1t.
20 enfans	373 p.1f.1 t.
25 enfans	467 p.1f.

Pour huict iours.

1 enfant	5 pechers
2 enfans	10 p.
3 enfans	15 p.
4 enfans	20 p.
5 enfans	25 p.
6 enfans	30 p.
7 enfans	35 p.
8 enfans	40 p.
9 enfans	45 p.
10 enfans	50 p.
15 enfans	75 p.
20 enfans	110 p.
25 enfans	135 p.

Pour trois mois.

1 enfant	101 p.1 t.
2 enfans	202 p.1 f.
3 enfans	303 p.1 t.
4 enfans	405 p.
5 enfans	106 p.1 t.
6 enfans	607 p.1 f.
7 enfans	708 p.1 f.1 t.
8 enfans	810 p.
9 enfans	911 p.1 t.
10 enfans	1012 p.1 f.
15 enfans	1518 p.1 f.1 t.
20 enfans	2024 p.1 f.
25 enfans	2530 p.1 f.1 t.

Pour quinze iours.

1 enfant	9 pechers 1 t.d.t.
2 enfans	18 p.1.f.1.t.d.t.
3 enfans	28 p.d.t.
4 enfans	37 p.1 f.
5 enfans	46 p.1f.1 t.d.t.
6 enfans	56 p.1t.
7 enfans	65 p.1 f.d.t.
8 enfans	75 p.d.t.
9 enfans	84 p.1t. d.t.
10 enfans	93 p.1f.1 t.
15 enfans	140 p.1 f.d.t.

TARIFFE ET TAVX QVE

la chair venduë paye pour le droict de l'Equi-ualent, à raison d'vn denier pour chacune li-urè prime.

DV POIDS.

1 Liure	1 denier	22 liures	1 f. 10 d.
2 liures	2 d.	23 liures	1 f. 11 d.
3 liures	3 d.	24 liures	2 f.
4 liures	4 d.	25 liures	2 f. 1 d.
5 liures	5 d	26 liures	2 f. 2. d.
6 liures	6 d.	27 liùres	2 f. 3. d.
7 liures	7 d.	28 liures	2 f. 4 d.
8 liures	8 d.	29 liures	2 f. 5 d.
9 liures	9 d.	30 liures	2 f. 6 d.
10 liures	10 d.	31 liure	2 f. 7 d.
11 liures	11 d.	32 liures	2 f. 8 d.
12 liures	1 fol	33 liures	2 f. 9 d.
13 liures	1 f. 1 d.	34 liures	2 f. 10 d.
14 liùres	1 f. 2 d.	35 liures	2 f. 11 d.
15 liures	1 f. 3. d.	36 liures	3 f.
16 liures	1 f. 4 d.	37 liures	3 f. 1 d.
17 liures	1 f. 5 d.	38 liures	3 f. 2 d.
18 liures	1 f. 6 d.	39 liures	3 f. 3 d.
19 liures	1 f. 7 d.	40 liures	3 f. 4 d.
20 liures	1 f. 8 d.	41 liure	3 f. 5 d.
21 liures	1 f. 9 d.	42 liures	3 f. 6 d.

43 liures	3 f. 7 d.	73 liures	6 f. 1 d.
44 liures	3 f. 8 d.	74 liures	6 f. 2 d.
45 liures	3 f. 9 d.	75 liures	6 f. 3 d.
45 liures	3 f. 10 d.	76 liures	6 f. 4 d.
47 liures	3 f. 11 d.	77 liures	6 f. 5 d.
48 liures	4 f.	78 liures	6 f. 6 d.
49 liures	4 f. 1 d.	79 liures	6 f. 7 d.
50 liures	4 f. 2 d.	80 liures	6 f. 8 d.
51 liures	4 f. 3 d.	81 liure	6 f. 9 d.
52 liures	4 f. 4 d.	82 liures	6 f. 10 d.
53 liures	4 f. 5 d.	83 liures	6 f. 11 d.
54 liures	4 f. 6 d.	84 liures	7 f.
55 liures	4 f. 7 d.	85 liures	7 f. 1 d.
56 liures	4 f. 8 d.	86 liures	7 f. 2 d.
57 liures	4 f. 9 d.	87 liures	7 f. 3 d.
58 liures	4 f. 10 d.	88 liures	7 f. 4 d.
59 liures	4 f. 11 d.	89 liures	7 f. 5 d.
60 liures	5 f.	90 liures	7 f. 6 d.
61 liure	5 f. 1 d.	91 liure	7 f. 7 d.
62 liures	5 f. 2 d.	92 liures	7 f. 8 d.
63 liures	5 f. 3 d.	93 liures	7 f. 9 d.
64 liures	5 f. 4 d.	94 liures	7 f. 10 d.
65 liures	5 f. 5 d.	95 liures	7 f. 11 d.
66 liures	5 f. 6 d.	96 liures	8 f.
67 liures	5 f. 7 d.	97 liures	8 f. 1 d.
68 liures	5 f. 8 d.	98 liures	8 f. 2 d.
69 liures	5 f. 9 d.	99 liures	8 f. 3 d.
70 liures	5 f. 10 d.	100 liures	8 f. 4 d.
71 liure	5 f. 11 d.	2 quintals	16 f. 8 d.
72 liures	6 f.	3 quintals	1 liure 5 f.

4 quintals	1 l. 13 ſ. 4 d.	100 q.	41 l. 13 ſ. 4 d.
5 q.	2 l. 1 ſ. 8 d.	150 q.	62 l. 10 ſ.
6 q.	2 l. 10 ſ.	200 q.	83 l. 6 ſ. 8 d.
7 q.	2 l. 18 ſ. 4 d.	250 q.	104 l. 3 ſ. 4 d.
8 q.	3 l. 6 ſ. 8 d.	300 q.	125 l.
9 q.	3 li. 15 ſ.	350 q.	145 l. 16 ſ. 8 d.
10 q.	4 l. 3 ſ. 4 d.	400 q.	166 l. 12 ſ. 4 d.
15 q.	6 l. 5 ſ.	450 q.	186 l. 9 ſ.
20 q.	8 l. 6 ſ. 8 d.	500 q	207 l. 5 ſ. 8 d.
25 q.	10 l. 8 ſ. 4 d.	550 q.	228 l. 2 ſ. 4 d.
30 q.	12 l. 10 ſ. 4 d.	600 q.	248 l. 18 ſ.
35 q.	14 l. 11 ſ. 8 d.	650 q.	269 l. 14 ſ. 8 d.
40 q.	16 l. 13 ſ. 4 d.	700 q.	290 l. 11 ſ. 4 d.
45 q	18 l. 15 ſ.	750 q.	311 l. 8 ſ.
50 q	20 l. 16 ſ. 8 d.	800 q.	332 l. 4 ſ. 8 d.
60 q.	25 l.	850 q.	353 l. 1 ſ. 4 d.
70 q.	29 l. 3 ſ. 4 d.	900 q.	373 l. 17 ſ.
80 q.	33 l. 6 ſ. 8 d.	950 q.	394 l. 13 ſ. 8 d.
90 q.	37 l. 10 ſ.	1000 q.	415 l. 9 ſ. 4 d.

Et moins ou plus, ce que ſe trouuera à proportion des nombres que deſſus

Tariffe & taux du poiſſon vendu en menu, à raiſon de cinq ſols pour quintal que doibt pour le droiɡ de l'equiualent de dix liures en hault.

DV POIDS.

11 Iures	6 d.	7 quintals	1 l. 15 ſ.
12 liures	7 d.	8 quintals	2 l.
13 liures	7 d.	9 quintals	2 l. 5 ſ.
14 liures	8 d.	10 quintals	2 l. 10 ſ.
15 liures	9 d.	15 quintals	3 l. 15 ſ.
16 liures	9 d.	20 quintals	5 l.
17 liures	10 d.	25 quintals	6 l. 5 ſ.
18 liures	10 d.	30 quintals	7 l. 10 ſ.
19 liures	10 d.	35 quintals	8 l. 15
20 liures	1 ſ.	40 quintals	10 l.
25 liures	1 ſ. 3 d.	45 quintals	11 l. 5 ſ.
30 liures	1 ſ. 6 d.	50 quintals	12 l. 10 ſ.
35 liures	1 ſ. 9 d.	55 quintals	13 l. 15 ſ.
40 liures	2 ſ.	60 quintals	15 l.
45 liures	2 ſ. 3 d.	65 quintals	16 l. 5 ſ.
50 liures	2 ſ. 6 d.	70 quintals	17 l. 10 ſ.
60 liures	3 ſ.	75 quintals	18 l. 15 ſ.
70 liures	3 ſ. 6 d.	80 quintals	20 l.
80 liures	4 ſ.	85 quintals	21 l. 5 ſ.
90 liures	4 ſ. 6 d.	90 quintals	22 l. 10 ſ.
100 liures	5 ſ.	95 quintals	23 l. 15 ſ.
2 quintals	10 ſ.	100 quintals	25 l.
3 quintals	15 ſ.	150 quintals	37 l. 10 ſ.
4 quintals	1 liure	200 quintals	50 l.
5 quintals	1 l. 5 ſ.	250 quintals	62 l. 10 ſ.
6 quintals	1 l. 10 ſ.	300 quintals	75 l.

Et pour les clauaires & melhetes, la moitié moins des ſuſdites ſommes.

Tariffe

TARIFFE ET TAVX DV

Poiſſon vendu en gros, à raiſon de trois ſols neuf deniers que doibt pour quintal du droict d'Equiualent.

DV POIDS.

14 Iures	6 d.	7 quintals	1 l. 6 ſ. 3 d.
15 liures	6 d.	8 quintals	1 l. 10 ſ.
16 liures	7 d.	9 quintals	1 l. 13 ſ. 9 d.
17 liures	7 d.	10 quintals	1 l. 17 ſ. 6 d.
18 liures	8 d.	20 quintals	3 l. 15 ſ.
19 liures	8 d.	30 quintals	5 l. 12 ſ. 6 d.
20 liures	9 d.	40 quintals	7 l. 10 ſ.
25 liures	11 d.	50 quintals	9 l. 7 ſ. 6 d.
30 liures	1 ſ. 1 d.	60 quintals	11 l. 4 ſ 2 d.
35 liures	1 ſ. 3 d.	70 quintals	13 l. 1 ſ. 8 d.
40 liures	1 ſ. 6 d.	80 quintals	14 l. 19 ſ. 2 d.
45 liures	1 ſ. 8 d.	90 quintals	16 l. 16 ſ. 8 d.
50 liures	1 ſ. 10 d.	100 quintals	18 l. 14 ſ. 1 d.
55 liures	2 ſ.	150 quintals	28 l. 1 ſ. 8 d.
60 liures	2 ſ 3 d.	200 quintals	37 l. 9 ſ. 2 d.
70 liures	2 ſ. 7 d.	250 quintals	46 l. 16 ſ 8 d.
80 liures	3 ſ.	300 quintals	56 l. 4 ſ 2 d.
90 liures	3 ſ. 4 d.	350 quintals	65 l. 11 ſ 8 d.
100 liures	3 ſ. 9 d.	400 quintals	74 l. 19 ſ. 2 d.
2 quintals	7 ſ. 6 d.	450 quintals	84 l. 6 ſ. 8 d.
3 quintals	11 ſ. 3 d.	500 quintals	94 l. 4 ſ. 2
4 quintals	15 ſ.	550 quintals	104 l. 1 ſ. 10 d.
5 quintals	18 ſ. 9 d.	600 quintals	113 l. 19 ſ. 2 d.
6 quintals	1 l. 2 ſ. 6 d.	650 quintals	123 l. 16 ſ. 8 d.

Q

JOVRS FERIATS DE LA
Cour des Aydes de Montpellier.

IANVIER.

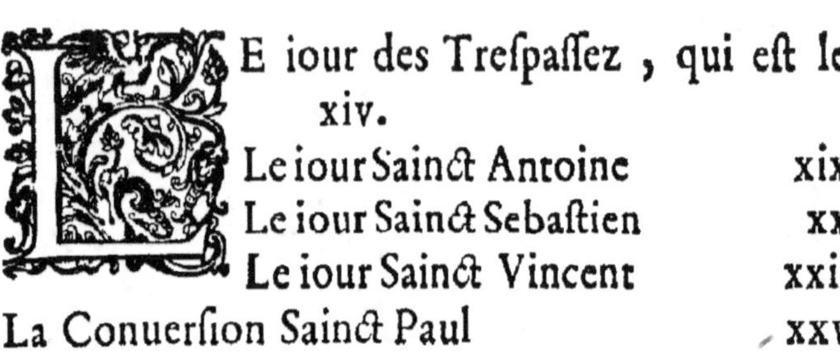

Le iour des Trespassez, qui est le xiv.

Le iour Sainct Antoine	xix
Le iour Sainct Sebastien	xx
Le iour Sainct Vincent	xxii
La Conuersion Sainct Paul	xxv

FEVRIER.

Le iour de la Purification nostre Dame	ii
Le iour Sainct Blaise	iii
La Chaire Sainct Pierre	xxii
Le iour Sainct Mathias	xxiiii

MARS.

L'Annonciation Nostre Dame, & depuis Pasques fleuries iusques apres Quasimodo	xxv

AVRIL.

La feste Sainct Marc	xxv

MAY.

Sainct Philippes & Sainct Iaques	i

L'exaltation Saincte Croix   xiv
Sainct Mathieu   xxi
Sainct Cleophas   xxv
Sainct Michel   xxix

OCTOBRE.

Sainct François   iv
Sainct Denis   ix
Sainct Fermin   xi
Sainct Luc   xviii
Sainct Simon & Iude   xxviii

NOVEMBRE.

Touſſaincts   i
Iours des Treſpaſſez   ii
Sainct Martin   xi
Saincte Catherine   xxv
Sainct André le dernier

DECEMBRE.

La Conception Noſtre Dame   viii
Sainct Thomas   xxi
Et depuis la veille de Noel, incluſiuement iuſques
apres les iours des Roys.

FESTES MOBILES DE
ladicte Cour.

ET PREMIEREMENT.

LE iour des Cendres
La veille & le iour de L'Afcenfion Noftre Seigneur.

La veille de la Pentecofte, & les trois iours fui-
uants.

La Fefte Dieu.

Et les trois iours de Carefme-prenant.

Le iour apres Quafimodo, la Cour n'entre point
eft fefte des morts.

Auffi le lendemain de l'Octaue eft fefte, la Cour
n'entre point.

Ne encores que durant ladicte Octaue de Pente-
tecofte ny a point d'Audience.

L'apresdinee de la veille dudit iour de la Touf-
faincts, la Cour n'entre point.

Comme auffi le Lundy de la fepmaine en laquelle
fe trouue la fefte de l'Afcenfion, il n'y a point
d'Audience.

DELAIS COMPETANTS
des assignations donnees en la Cour des Aydes de Montpellier.

SCAVOIR.

Rmagnac, Bigorre, Astarac, Gaure, & Quercy, trois semaines.

Tolose, Roüergue, Lauragois, Villelongue, Comenge, Foix, Castres, Terrebasse, Riuiere-Verdun & Rieux, quinze iours.

Vellay, Geuaudan, Mercuer & Viuarez, quinze iours.

Carcassonne, Nismes, Beaucaire, Beziers, Gignac, Narbonne, Vzez, Le Vigan, Sommieres, Sainct Esprit, & Baignols, huictaine.

Et és causes commises par le Roy des autres ressorts que les susdicts, vn mois.

Delais pour apporter les procez de premiere instance.

Seneschaussee de Tolose, Lauragois, Roüergue, delay de six semaines, la surseance de trois.

Seneſchauſſee de Quercy, Armagnac & Bigorre, deux mois, & la ſurſeance d'vn mois.

Seneſchauſſee de Carcaſſonne & Beaucaire, vn
mois, & la ſurſeance de quinzaine.

Bailliages de Geuaudan, Viuiers, & le Puy, ſix
ſemaines, & la ſurſeance de trois.

Gouuernement de Montpellier, quinze iours,
& la ſurſeance de huictaine.

F I N.

DELAIS COMPETANTS
des assignations donnees en la Cour des Aydes de Montpellier.

SCAVOIR.

Rmagnac, Bigorre, Astarac, Gau-re, & Quercy, trois semaines.

Tolose, Roüergue, Lauragois, Villelongue, Comenge, Foix, Castres, Terrebasse, Riuiere-Verdun & Rieux, quinze iours.

Vellay, Geuaudan, Mercuer & Viuarez, quinze iours.

Carcassonne, Nismes, Beaucaire, Beziers, Gignac, Narbonne, Vzez, Le Vigan, Sommieres, Sainct Esprit, & Baignols, huictaine.

Et és causes commises par le Roy des autres ressorts que les susdicts, vn mois.

Delais pour apporter les procez de premiere instance.

S Eneschaussee de Tolose, Lauragois, Roüergue, delay de six semaines, la surseance de trois.

Seneschauffee de Quercy, Armagnac & Bigorre, deux mois, & la furfeance d'vn mois.

Seneschauffee de Carcaffonne & Beaucaire, vn
mois, & la furfeance de quinzaine.

Bailliages de Geuaudan, Viuiers, & le Puy, fix
femaines, & la furfeance de trois.

Gouuernement de Montpellier, quinze iours,
& la furfeance de huiƈtaine.

FIN.